おいでよ、あゆみ野《の》へ
上
ゆたか先生《せんせい》の教会学校日記《きょうかいがっこうにっき》
あんざい えみ

おいでよ、あゆみ野《の》へ

ゆたか先生《せんせい》の教会学校日記《きょうかいがっこうにっき》

登場《とうじょう》人物《じんぶつ》

橘《たちばな》 ゆたか（22）

牧師《ぼくし》を目指《めざ》し、神学校《しんがっこう》に通《かよ》っている。子《こ》ども好《ず》きで遊《あそ》ぶのが大好《だいす》き。友《とも》だちみたいな先生《せんせい》。聖書《せいしょ》のお話《はなし》をしている時《とき》はピシッとしているが、普段《ふだん》はだらしない。多少《たしょう》子《こ》どもっぽい面《めん》もある。体育《たいいく》は「5」で美術《びじゅつ》は「1」。好《す》きな食《た》べ物《もの》はカレーライス。ピーマンは大《だい》の苦手《にがて》。

大久保大地《おおくぼだいち》（小《しょう》5）

学校《がっこう》ではクラスの中心的存在《ちゅうしんてきそんざい》だが、素直《すなお》になるのが苦手《にがて》。恵《めぐみ》と同《おな》じクラスで成績《せいせき》優秀《ゆうしゅう》、スポーツ万能《ばんのう》。少《すこ》し大人《おとな》びている。

丸山恵《まるやまめぐみ》（小《しょう》5）

あゆみ野《の》教会牧師《きょうかいぼくし》、丸山羊子先生《まるやまようこせんせい》の孫娘《まごむすめ》。おっとりしていてひかえめ。

徳永《とくなが》あいこ（小《しょう》4）

明《あか》るくておしゃべりが大好《だいす》き。気《き》が強《つよ》く、物事《ものごと》をストレートに言《い》う。

小《こ》林《ばやし》信《しん》次《じ》郎《ろう》（小《しょう》4）

明《あか》るく活発《かっぱつ》で友《とも》だちも多《おお》い。物事《ものごと》を深《ふか》く考《かんが》えるのは苦手《にがて》。野球《やきゅう》が大好《だいす》き。

渡辺《わたなべ》みのる（小《しょう》3）

気《き》が小《ちい》さくて泣《な》き虫《むし》。どんくさいとばかにされることもあるが、とてもやさしい。

丸山羊《まるやまよう》子《こ》（60代《だい》）

あゆみ野《の》教《きょう》会《かい》牧《ぼく》師《し》。おだやかな性格《せいかく》でパワフルで力《ちから》もち。子《こ》どもたち一人《ひとり》ひとりを心《こころ》から大事《だいじ》に思《おも》っている。

三《み》浦光一《うらこういち》（小《しょう》5）

つっぱっていて、あやまったり素直《すなお》になるのが苦手《にがて》。ゲームが大好《だいす》き。

おいでよ、あゆみ野へ
あんざいえみ

Message ①
ゆたか先生登場《せんせいとうじょう》の巻《まき》

あゆみ野《の》教会《きょうかい》
教会学校《きょうかいがっこう》
みなさん 聞《き》いてください
今日《きょう》から 新《あたら》しい先生《せんせい》が 来《き》ます
え――!? どんな 先生《せんせい》だろ?
かっこいい人《ひと》が いいな♥
また あいこ ちゃんはぁ~~
ワイ
ワイワイ
パン パン
みなさん 静《しず》かに 待《ま》ちま しょうね
……それにしても 遅《おそ》いわね……
ザワ ザワ…
ちら
あ――くそっ よりによって 道路工事《どうろこうじ》 してるなんて!
おかげで 遠《とお》まわり だ!
時間《じかん》は…
ひえぇぇ やっべぇぇ!!
シャ
ッ

も〜〜
何《なに》してるの
あの子《こ》は!!
イラ
ガチャッ バタンッ
ドタドタ
ドタバタ
ガラッ
おはよう
ございま〜〜〜す!!
あ、
来《き》た!
ダンッ
ふひゅ〜〜っ
セーフッ!
橘《たちばな》ゆたか、
ただ今《いま》
到着《とうちゃく》
いたしました──!

やあ――
なつかしい
なぁ〜
ドカ
ドカ
昔《むかし》とちっとも
変《か》わって
ないや!
こら!ゆたか君《くん》!
今何時《いまなんじ》だと
思《おも》ってるの!
何がセーフよ!
うわっ
丸山先生《まるやませんせい》!?
すいません……
ポカン‥
それに
何《なん》なの
このカッコ!
ほら
ネクタイ
ちゃんと
して!
は、
はいっ
プッ
先生《せんせい》が
怒《おこ》られてる
だっせ〜
くすくすっ
〜〜〜〜〜!!
〜〜〜〜!
まったく君《きみ》は
昔《むかし》とちっとも
変《か》わってないんだから!
……丸山先生《まるやませんせい》は
けっこう変《か》わられ
ましたね
しわが前より増えて
なんですっ
てえ!?
どっ!
〜〜っ
もうっ
ほら、あいさつ
なさい!
血圧
上がるわっ
は、
はいっ

はじめまして！
ぼくは橘《たちばな》ゆたか といいます！ 神学校《しんがっこう》に通《かよ》って 牧師《ぼくし》になるための 勉強《べんきょう》をしています
びしっ！
ぼくも 君《きみ》らのころに この教会学校《きょうかいがっこう》に 通《かよ》っていました
ゆたか 10才
そして今回《こんかい》 神《かみ》さまの導《みちび》きにより 今度《こんど》はここで 教師《きょうし》として 奉仕《ほうし》させて いただくことに なりました
これから みんなと 楽《たの》しく 聖書《せいしょ》のこと 神《かみ》さまのことを 学《まな》んでいきたいと 思《おも》っています！
よろしくね！

ぽーっ
カッコイイ…
パチ
パチ
パチッ…
じゃあ
あとはあなたに
任《まか》せますよ
はい!
では
初日《しょにち》なので
何《なに》かぼくに
質問《しつもん》ありますか?
なんでも
答《こた》えちゃうよ!
好きな食べ物とか
しゅみとか…
はい
はーーい
先生《せんせい》ー!
はい
どうぞ!
先生《せんせい》
彼女《かのじょ》いる~~~!?
え!?
ぶっ
注 ゆたか
ま、まいったなぁ……
い、今《いま》は
いないけど……
ふーーん
じゃあさ
好《す》きな人《ひと》とか
いるの——?
えー
それは…
ハッ
コホンッ
と、とにかく
そうだ!
みんなにも
自己紹介《じこしょうかい》
してもらおっ
かな!
あやうく
のせられる
とこだった
逃げたぜー
ちぇー
なんだよ
つまんなーーい
ブーブー

わたしは
丸山恵《まるやまめぐみ》です
趣味《しゅみ》は小物作《こものづく》りです
はい
よろしくね
はいはーいっ
わたしは
徳永《とくなが》あいこで——す
好《す》きなタイプはぁ
ジョニーズの
トッキーでぇす
はん!
誰《だれ》もそんなこと
聞《き》いてねーよ
だまれ!
うっさいよ
信次郎《しんじろう》!
こらこらっ
き、君《きみ》は?
おう!
オレは
小林信次郎《こばやししんじろう》!
将来《しょうらい》の夢《ゆめ》は
野球選手《やきゅうせんしゅ》!
よろしくぅ!!
元気《げんき》
い～なあ
ふん
ムリムリ
んだと
あいこぉ!
なに
よっ
えっと
次《つぎ》は……
もじっ
ぼそ
ぼそ
ぼ、ぼくは
渡辺《わたなべ》みのるって
いいます
えっと……
えっと………

じゃあ 好《す》きなこととか 趣味《しゅみ》とかある?
なんでもいいよ
ん〜〜っ
ビクッ
さっさとしろよ みのる! 先進《さきすす》まねーだろっ!!
ギロッ
じわっ
あ……の…
だめだよ 今《いま》は みのる君《くん》が 答《こた》えてるんだから
ふんっ
ほら みのる君《くん》
ごめんなさい…… とくに… ありません……
ぐすっ
そっか、いいよ じゃあ よろしくね みのる君《くん》

にっ
コクッ
君《きみ》は?
オレは三浦光一《みうらこういち》!趣味《しゅみ》はTV《テレビ》ゲーム
なんか…無愛想《ぶあいそう》な子《こ》だなあ……
では仲良《なかよ》く学《まな》んでいこうね!
は〜〜〜い!

Message ②

わたしはあなたとともにいるの巻《まき》

さて、では質問《しつもん》！みんなは神《かみ》さまはどんな方《かた》だと思《おも》う？
空《そら》にいる！
はいはーいっ
かっこいい人《ひと》♥
バーカ 神《かみ》さまってのはえらい人《ひと》なんだぞ！
うーん……
ワイワイ
まずはね 神《かみ》さまは愛《あい》をとてももっておられるお方《かた》なんだよ

ぼくらのことを とても愛《あい》して くれているんだ
ふ――ん……
カチ
ボーン ボーン
ではこれから 神《かみ》さまの愛《あい》について 学《まな》んでいこう! 聖書《せいしょ》を開《ひら》いて…
パラ…
わ～い 分級《ぶんきゅう》の時間《じかん》だ～～～!!
どっ!
ま、待《ま》って、もうちょと だけ……
ねえっ
わ～っ
どどどどっ
は、初《はじ》めての メッセージが…
先生《せんせい》が遅刻《ちこく》 すっからだよ
くすん
ドン
ってーーな! たく とろいやつ!
寄《よ》るな バカがうつる!

ほら みのる菌《きん》だぜ――
ほれほれっ
うわっ やめろよ オレまで バカんなるっ
ぎゃははっ
…………
ワイ ワイ
ゆたか流《りゅう》 ウルトラスペシャル デンジャラス シュート!!
先生《せんせい》 すっげ~!
はっはっ まかせろっ 先生《せんせい》こー見《み》えて 体育《たいいく》は〝5〟だったんだ!
イエイッ
ぴょんこ
ぴょんこ
なんだかんだ いって 先生《せんせい》が一番《いちばん》 はしゃいでる
……
そ~いえば あの子《こ》、みのる君《くん》は?
わい
わい

んーっ
知《し》らない…
ああ、あの おとなしくって あんましゃべん ねーやつ？
あの子《こ》、うじうじしてて つまんない のよね～
……どこに いるのかなぁ……
先生《せんせい》 いったよーー！
おお まかせろっ
あっ……？
ネコーン
もーーっ 先生《せんせい》どこ けってんの――？
わるいわるい とってくる！
やっぱーー 礼拝堂《れいはいどう》に 入《はい》っちゃったよ…
でーーん…
ってわ～～～～っっ!!
コロコロ…
注 ゆたか
丸山先生～～!?
丸山《まるやま》先生《せんせい》～～!!
ハッ
わーんっ

ゴゴゴ
また あなたね ゆたか君《くん》〜〜〜
〜〜〜
ゴゴ
ご ごめんなさい ごめんなさい
ドタドタ
待《ま》ちな さ〜い!!
プンッ
しゅん…
怒《おこ》られ ちゃった…
とぼとぼ…
くすくすっ
くすくすくすっ
あれ、みのる君《くん》 こんなとこに いたんだ
どうしたの? みんなと 遊《あそ》ばないの?
……………
………ぼく いいんだ……… 一人《ひとり》のほうが 好《す》きだから………

…そっか……
すっ・・・
「わたしはあなたとともにいる」
え………？
ぼくは会《あ》ったばかりだから君《きみ》のことはまだよく知《し》らないけど……
でも神《かみ》さまはね…
君《きみ》のことをすべてご存《ぞん》じなんだよ

君《きみ》が悩《なや》んでいることも悲《かな》しいこともすべてご存《ぞん》じで
君《きみ》がこうして一人《ひとり》でいる時《とき》も
神《かみ》さまはいつもいっしょにいてくださるんだよ
…………
ぎゅっ…
……先生《せんせい》あのね……
なあに?
ぼく、本当《ほんとう》はみんなと遊《あそ》びたい
仲良《なかよ》く……したい……
……でもうまくいかなくて……

信次郎君《しんじろうくん》たち みたいに 明《あか》るくなれたら いいのに………
そしたら ぼくも…… ぼくも……
………
そっか。わかった 君《きみ》のその気持《きも》ちも 神《かみ》さまはすべて ご存《ぞん》じなんだよ
ぐすっ…
「わたしはあなたと ともにいる」──
………
クッ
なぜだか そのことばで ぼくの胸《むね》は あったかくなった
そして ほんの少《すこ》し 勇気《ゆうき》がわいて きたんだ──…

YUTAKA

Message ③
みことばにより強《つよ》められての巻《まき》

先生《せんせい》おっそーい
はやくしろよーー
ごめんごめーんっ
あ、みのる…?
コソッ…
「わたしはあなたとともにいる」ーー
…………
神《かみ》さまはぼくのこと知《し》っていてくれるーー
いつもいっしょにいてくれる!!

ねぇみんな
みのる君《くん》も……
ぼっ……
ぼくもっ……
ぼくも入《い》れて!
いっしょに
遊《あそ》んでいい!?
…………
みのる……
みんな
どうなの?
いいよ、
ね
うん…
そーだな
じゃあ
みのるは
こっちチーム
な!

わい わい
やったじゃん!
へへっ…
だって神《かみ》さまがいっしょにいてくれるって教《おし》えてくれたから…
だから勇気《ゆうき》が出《で》たんだ!
そっか!
そうさ ほんのちょっと勇気《ゆうき》を出《だ》すだけなんだ
でもその勇気《ゆうき》は神《かみ》さまがくれるんだ——
そして何週間《なんしゅうかん》か過《す》ぎていった——
なんかみのる、変《か》わったよね
うん、少《すこ》し明《あか》るくなった気《き》がする
……………
たしかにあんなに泣《な》き虫《むし》でうじうじしてたのに
からかってみてもあんま泣《な》かなくなった……

なんでだろ…？
へっ
みのるはみのるだろっどこも変《か》わっちゃいねーよ！
ようみのる
楽《たの》しそうじゃん！
あ、光一《こういち》…君《くん》…
へーえ、お前《まえ》けっこう絵《え》、うまいんだな
やめて返《かえ》して…っ
ああ？なんだよいいじゃんか！
だんっ
よこせって！
あっ……
うわーっ!!
やべっ
知《し》らねーぞオレのせいじゃないからな！

…なんだよ
泣《な》かねーのかよ
いつもみたいによ
ああ!?
何《なん》とか
言《い》えよ!
………
……ぼくは……
ああ!?
ぼくは
もう前《まえ》みたく……
泣《な》いたりしない
よ………
神《かみ》さまが
ぼくのことすべて
ご存《ぞん》じなんだってこと
教《おし》えてもらったから……
神《かみ》さまのことばが
ぼくを強《つよ》くして
くれたから……
だからぼく
もう……
な、なんだよ
みのるのくせに!!
ちょっとくらい
友《とも》だちができた
からって
生意気《なまいき》なこと
言《い》ってんじゃねーよ!!
ガッ
ちょっと
やめなよ!!

もう いい加減《かげん》にしなよ! みのるかわいそー じゃん!
そーだよ!
だいたい あんたさ 前《まえ》から 思《おも》ってたん だけど 人《ひと》のわるぐち 言《い》いすぎじゃん!?
ギャーギャー
あんたに言《い》われて キズついた子《こ》 いっぱいいんだよ!
ああ!? 何《なん》だよあいこ!
!!
あんたみたいなやつこそ ホントの友《とも》だち いないんじゃないの!?
う、うっせーん だよ!!
だまれっ……
ドンッ
ドカッ
きゃっ……

いった……
あっ…
あいこちゃん!
何《なに》今《いま》の
ひっどーい
だいじょーぶ?
うん…
じっ
あっち行《い》こーぜ
そーだな
な、なんだよみんな……
おい……
……………
ワー
ワー
……………
神《かみ》さまはぼくのことすべてご存《ぞん》じなんだ!

それなら
オレのことも知《し》ってて…
オレのわるいとことかも
知《し》ってるのかな…
今《いま》までしてきた
あんなことも
こんなことも…
……
……だとしたら
オレみたいなやつの
ことなんて
神《かみ》さまはきっと
見放《みはな》してるよ……
ぐっ……
次《つぎ》の週《しゅう》
あれ？
光一君《こういちくん》は？
ああ
あいつ？
知《し》らねー
気《き》にする
ことないっ
しょ
あんなやつ
もう来《こ》なくても
いーんじゃん？
……
光一君《こういちくん》――？

Message ④

神《かみ》さまの愛《あい》の巻《まき》

ねえ 先生《せんせい》……
さよなら～
だいじょうぶ 神《かみ》さまはぼくらのことを 愛《あい》してくれているから
もちろん、光一君《こういちくん》のこともね
うん……
………
やっべ
この前《まえ》 教会《きょうかい》に ゲームのソフト 忘《わす》れてた
誰《だれ》もいない よな…?
コソッ

やあ光一君《こういちくん》!
ぎゃ〜〜〜〜っ!?
なっなな先生《せんせい》かよっ
何《なに》してんだよ、そんなとこでっ
今日《きょう》の分級《ぶんきゅう》の時《とき》に遊《あそ》んでて屋根《やね》壊《こわ》しちゃってさ
今直《いまなお》してたの
……
何のあそびだ…
ゆたかく〜ん
よっと
ところでさ今日《きょう》どうしたの?
ストッ
体調《たいちょう》でもくずしてた?
……そっ……
バッ
バッ
バッ
バッ
そーなんだよハラこわしちまってさ!
ガチャッ
ずっとトイレ入《はい》ってたんだ!
そっか大変《たいへん》だったねじゃあもうよくなったんだ?
ま、まあな…
ハハハ…
じゃっ…
そーだ
じゃあせっかく来《き》たんだからさ今《いま》から今日《きょう》やったところいっしょにやろうか!
えっ…
いいよ別《べつ》にもうオレ……

そーだそーだ やろう、やろう!
ええ~~~~~!?
ピシャンッ
ドア閉めてるしっ
ま、いっか
どーせ オレもう…
ここには 来《こ》ないから…
まずはね 神《かみ》さまは愛《あい》をとても もっておられる お方《かた》なんだよ
ぼくらのことも とても愛《あい》して くれているんだ
なんだよ そんなの前《まえ》にも 聞《き》いたよ
どーせ オレみたいなやつの ことなんて みのるみたいに 愛《あい》してなんか……
それだけじゃ ないよ
神《かみ》さまは ぼくらのいいところも わるいところも すべてひっくるめて 愛《あい》してくださって いるんだ

え………
ぼくたち人間《にんげん》は誰《だれ》しも完《かん》ぺきじゃないよね
いいこともすれば時《とき》にはわるいこともしてしまう
間違《まちが》っていることをしていても気《き》づかなかったり間違《まちが》った方向《ほうこう》に進《すす》んでしまうこともある
にっ
それはすべて神《かみ》さまの前《まえ》には罪《つみ》だけど…
ズキ
でもそれに気《き》づいて神《かみ》さまの前《まえ》に素直《すなお》にあやまれた時《とき》
神《かみ》さまはすべてをゆるしてくださるんだ
すべてを……

ガタッ
ホントなの、先生《せんせい》…⁉
あっ……
にこっ
…そうだよ…
だって神《かみ》さまはぼくたちのことを愛《あい》してくださっているから
じゃあおいのりしよっか
神《かみ》さまぼくたちはいつもたくさんの失敗《しっぱい》をしてしまいます
でもそれに気《き》づかせてくれてゆるしてくださることを感謝《かんしゃ》します

いつも神《かみ》さまと共《とも》に歩《あゆ》んでいくことができますように
アーメン
…………
はい おわり!
先生《せんせい》 オレ……
なぁに?
ううん、何《なん》でもない!
じゃあ また 来週《らいしゅう》ね!
お、おう!
次《つぎ》の日曜日《にちようび》
あ、あのよう……
光一君《こういちくん》っ…

モゴッ
今《いま》まで……そのよ……
ごめん……な……
ううん！
よかった！もう来《こ》ないのかと思《おも》っちゃった！
バ、バカヤロー誰《だれ》がっ……
ゴツンッ
バーカ
あいこも……わるかったな……
別《べつ》に気《き》にしてないしー
おいゆたかー！
ゆたか??
ダダダダッ
ぐおっ
かんちょーーっ
やったなこのっ
あははっ

ねぇ先生《せんせい》これからもっともっと神《かみ》さまのこと教《おし》えてよ
神《かみ》さまはオレたちのことすべて知《し》っていてくださるんだろ
だったらオレたちも神《かみ》さまのこといっぱいいっぱい知《し》りたいんだ
にこっ
ああ、これからいっしょに楽《たの》しく学《まな》んでいこうね！

《番外編《ばんがいへん》》

本《ほん》の中《なか》の本《ほん》　ぼくがこの本《ほん》をひらいた理由《わけ》

悩《なや》んだ時《とき》や困《こま》った時《とき》はこの本《ほん》をひらいてみてごらん
そのひとつひとつのことばはわしらを元気《げんき》にしてくれるから――…
ふ――ん…？
これがおじいちゃんとぼくの小《ちい》さいころの思《おも》い出《で》だ
5-3
さ――あ運命《うんめい》の選《えら》ばれし者《もの》は～～～!?
ゴ
神《かみ》さまおねがい外《はず》してください
わたしじゃありませんように！
橘《たちばな》ゆたか！
!!
橘君《たちばなくん》でっす――!!
ドーン

え〜〜〜〜?!
6年生《ねんせい》を送《おく》る会《かい》実行委員《じっこういいん》は1/32の確立《かくりつ》で橘《たちばな》 君《くん》に決定《けってい》——!!
はいみんな拍手《はくしゅ》——!!
わ——っ
パチパチパチッ
超特大あみだくじ
う、うそだろ…
ぼ、ぼく ムリだよ…… こんな仕事《しごと》……
よろっ…
だってぼく…… 花係《はながかり》とか飼育係《しいくがかり》とか じみ〜な仕事《しごと》しか やったことなくて……
ちょろろろ
よしよし
こんなクラスをまとめるなんて ちょ——大変《たいへん》そうな仕事《しごと》……!!
ね、ねぇ もっかい やり直《なお》そうよ!
もっかい!
ブッブー
もう決《き》まっちゃったの!
かんしんかんしん
お、もう決《き》まったのか!
ガラッ
ササッ
やばっ
はい 橘《たちばな》 君《くん》がやってくれます!
おお そうか!
5-3
ぎゃははっ
くらえっ 消《き》える魔球《まきゅう》っ
やったな こっちは花《はな》バクダンだ!
バッ
頼《たの》んだぞ 橘《たちばな》! うちのクラスの担当《たんとう》は体育館《たいいくかん》の飾《かざ》り付け だからな!
……はい……
……
ザワ
ザワ
ギャハハハハ
でよ——
バッカじゃねーのっ
ねぇ あ、遊《あそ》んでないでやってよ〜〜
オーライ オーライ
おろおろ
ねぇってば…

どうしよう 言《い》うこと聞《き》いて くれないよ…
…………
あーあー かわいそー―― あいつ、ついて ねーなー
なーに 言《い》ってんだよ お前《まえ》があみだ 作《つく》ったくせに
それも そうだなー
あははははっ
………………
ハア…
やっぱりこんなの ぼくには ムリだよ……
スッ
ポ
あーあ もし神《かみ》さまが いるとしたら なんでぼくに したんだろう?
ぼくなんかよりも もっとふさわしいやつが いると思《おも》うのに……
……きっと みんなだって そう思《おも》ってるよ……
………
……たか
ゆたか
悩《なや》んだ時《とき》や 困《こま》った時《とき》は この本《ほん》をひらいて みてごらん
そのひとつひとつの ことばは わしらを元気《げんき》に してくれるから――…

…なんで
こんな時《とき》に
おじいちゃんの
ことばなんかが……
……でも……
〝この本《ほん》〟って…？
ガタ
ガタッ
えっと
せ・い・しょ…
聖書
あった
これだ！
おじいちゃんのへや
ふーん？
なーんか
辞書《じしょ》みたい
だな…
こんなの見《み》て
なんかよく
なるのかな…
パラ…
まあいいや
気休《きやす》め程度《ていど》に
ちょっと
見《み》るだけだー
あれ
ここだけ線《せん》が
ひっぱって
ある……
なんでだろ？
パラ…
えっと
神《かみ》は……
「神《かみ》は真実《しんじつ》な方《かた》ですから、あなたがたを、耐《た》えられないほどの試練《しれん》に会《あ》わせることはなさいません。
むしろ、耐《た》えられるように、試練《しれん》とともに脱出《だっしゅつ》の道《みち》も備《そな》えてくださいます」
（コリント人《じん》への手紙第一《てがみだいいち》 10章《しょう》13節《せつ》）
………………
へぇ…
そんなことば
あるんだ……
そういえば
おじいちゃんが
よく言《い》ってた…
ゆたかもこれから
つらい事《こと》に出会《であ》うことが
あるかもしれない
でも大丈夫《だいじょうぶ》だよ
その時《とき》は
必《かなら》ず神《かみ》さまが
助《たす》けてくださるから

だから心配《しんぱい》せず進《すす》んでいきなさい
……大丈夫《だいじょうぶ》
神《かみ》さまがちゃんとできるって思《おも》ったからゆたかを選《えら》んだんだよ
…おじいちゃん…
おじいちゃん…
…つらいけど…いやだけどでも……
ぎゅっ…
やれるだけやってみようかな……
カーン
コーン
みなさん聞《き》いてください
ワイ
ワイ
だからさー
あははは
……
ぼくはお世話《せわ》になった6年《ねん》の先輩《せんぱい》たちに
学校生活最後《がっこうせいかつさいご》のいい思《おも》い出《で》をつくってあげたいと思《おも》っています
ザワ
ザワ
ザワッ

だからぼくは
放課後《ほうかご》残《のこ》って
体育館《たいいくかん》の飾《かざ》り付《つ》けを
やろうと思《おも》います
えっと…
ムリにとは
言《い》わないけど…
もしぼくと同《おな》じ
気持《きも》ちでいる人《ひと》が
いれば、いっしょに
体育館《たいいくかん》に来《き》てください
………
やっぱり
ぼくの言《い》うことじゃ
聞《き》いてくれないのかな…
………
ガラ〜〜ン…
でも一度《いちど》引《ひ》き受《う》けた
仕事《しごと》なんだから
あきらめずに
最後《さいご》まで
やっていこう
ガラッ
それに
聖書《せいしょ》にも
かいてあった
じゃないか
よ、橘《たちばな》
どうだ？
調子《ちょうし》は
心配《しんぱい》せず
進《すす》んでいけば
いいって……
わーーっ
これ全部《ぜんぶ》
やるんだー
大変そー
ぞろぞろ…
頑張《がんば》ろー

みんな……
この試練《しれん》は
ちゃんと
乗《の》り越《こ》え
られるって!!
うん
うん
じゃあ
ここをね……
こうしたら
どう?
お、
いいじゃん
いい
かんじー♥
わい
……できた……!
やったー―!
ステキー―!!
うおっ
オレたち
スゲーじゃん!

…やった…
ぼくちゃんと できたよ
やったな
先生《せんせい》…
お前《まえ》なら ちゃんと やって くれるって 思《おも》ってた！
…………！
花係《はながかり》とか飼育係《しいくがかり》とか… どんな小《ちい》さな仕事《しごと》でも さぼらず一生懸命《いっしょうけんめい》 やってたもんな！
先生 なんでも 知ってんだぞ～
イエーイッ
橘《たちばな》 サイコー!!
オレの作《つく》った あみだのおかげ だかんな！
なっなっ
お、おい それは…
って何《なに》、お前《まえ》ら あみだで 決《き》めたのか――!!
あとで 職員室来いっ
やっべ
げろ～
スタコラッ
があっ
あははは
神《かみ》さまは耐《た》えられない 試練《しれん》には会《あ》わせない――
このことばがあれば ぼくはこれから どんなことがあっても 頑張《がんば》っていけるような 気《き》がしたんだ
へ――っ ゆたか先生《せんせい》にも そんなころが あったんだ――
なんか へんなかんじ―
へへへ―
橘《たちばな》 ゆたか
現在《げんざい》あゆみ野《の》
教会学校教師《きょうかいがっこうきょうし》
だからね… 悩《なや》んだ時《とき》や 困《こま》った時《とき》は 聖書《せいしょ》をひらいて みてごらん
そのひとつひとつの ことばは必《かなら》ず ぼくらを元気《げんき》に してくれるから――…
にこっ

Message ⑤
恵《めぐみ》のなやみ　その１の巻《まき》

じゃっ
んっ
ねんど
小物のつくりかた
みなさん もうすぐ教会《きょうかい》で バザーをやります
今日《きょう》はみんなで バザーに出《だ》す物《もの》を 作《つく》りましょう!
は————いっ!!
って、何《なに》いっしょに まざってんのよ ゆたか君《くん》!
あなた先生でしょ!
ぐいっ
へへへ… 思《おも》わず…
わいわい
わー すごい 恵《めぐみ》 うっまーいっ!!

きゃっ
きゃっ
わーホントだー
そんなことないよ……
わたしそれそれ買《か》うー♥
ホント、それに比《くら》べてお前《まえ》のそれさー何《なに》？
きったねーボロボロじゃん
ボロッ
にゅっ
いいよね恵《めぐみ》って器用《きよう》でさー——
うっさいよ！あんたこそ何《なに》よその貯金箱《ちょきんばこ》穴《あな》ないじゃん!!
ゲッ
びしっ
へにゃ
信次郎作
っせーな今《いま》からあけんだよっ
何《なに》よへったくそー
おめーよりはましだ！
わたしのがましよ！
ギャー
ギャー
いつものがはじまった…
ゆたか先生《せんせい》は何作《なにつく》っているんですか？
ギャー
ギャー
ペン立《た》てだよ
でーんっ

…おもしろい形《かたち》してますね…
ペン立て？
△の美術「1」
ぺたぺた
ぺらぺら
おい、ゆたか ねんど使《つか》いすぎ!!
もう残ってねーよっ
ねんど5コ分
ねんど
じゃーねー
バイバーイ
だれ へんな花《か》びん作ったのっ
ふう
恵《めぐみ》ーー! ちょっと来《き》て手伝《てつだ》ってーーっ
はーーいっ
わたしはここの教会《きょうかい》の牧師《ぼくし》の孫娘《まごむすめ》
よいしょっ
11年間《ねんかん》ここで育《そだ》ってきたわたしは
ひゃっ…
ヨロッ…
ガシッ
教会《きょうかい》を出入《でい》りするいろんな人《ひと》を小《ちい》さなころから見《み》てきた
いっしょに持《も》と!
ひょいっ
はい

このゆたか先生《せんせい》も
その中《なか》の一人《ひとり》で
小《ちい》さなころに
よくいっしょに
遊《あそ》んでくれていた
らしいんだけど…
教会学校に
来てた頃の
ゆたか
恵
……全然《ぜんぜん》覚《おぼ》えて
ないんだ
はあ
?
ここに
おいとけばいい?
やさしい人《ひと》たちに
囲《かこ》まれながら
毎日《まいにち》
おいのりして
神《かみ》さまのことを
聞《き》いて——……
そんな毎日《まいにち》に
それまで
何《なん》の疑問《ぎもん》も
感《かん》じることは
なかった
——そう
あのことが
起《お》きるまでは——…

あゆみ野小学校《のしょうがっこう》
でさー 中村《なかむら》さー
あんな カンタンなことで 失敗《しっぱい》してやがんの! バカみてー
あはは
バカ村《むら》だ
バカ村《むら》だ!
ははは
あははっ ねえ おかしいよね 丸山《まるやま》さん…
え……
そうかなあ…
間違《まちが》いなんて 誰《だれ》にでもあること だし、そのくらい 別《べつ》に……
……………
ケッ
んだよ しらけ ちまった!
ぐっ…

…でよー
んだよ オレがわるいみてー じゃんか
ぐっ
いつもそうだ……
なんだか こいつがいると みんなオレが わるいような気《き》に なってくる……
ったく 気《き》にくわねー
いつもいつも いい子《こ》ぶり やがって
ムカつくんだよ!!
キーンコーンカーン
…そーいえば あいつんち教会《きょうかい》 だよな
はあ? 誰《だれ》んちが?
教会?
丸山《まるやま》さんち だよ
へ!? あいつんちが!?
教会《きょうかい》っていつも どんなことを してんだろーな
神《かみ》さまとか 拝《おが》んでん だろー
よく知らない けどさ
だから 丸山《まるやま》さんって あんなかんじ なのかな

なんか妙《みょう》に
まじめっていうか
ちょっと変《か》わって
るよね……
へーえ…
あ
来《き》たぜ!
?
ギャハハハ
アハハッ
ガラッ
ニヤニヤ…
コソコソッ
?
おーい
教会《きょうかい》!!
フン

Message⑥
恵《めぐみ》のなやみ　その2の巻《まき》
5-2
知《し》らなかった——丸山《まるやま》さんちって教会《きょうかい》だったんだ——
コソコソ…
初詣《はつもうで》とかって行《い》っちゃいけないのかなぁ
聞《き》いてみりゃいいじゃん
え〜〜〜!?
………
クスクスッ
歌《うた》とか歌《うた》うんだろ?教《おし》えてくれよ
………
神《かみ》さまアーメン〜〜ってか
オレちょっと知ってるよ
ケラケラッ
おい
ザワザワッ

聞《き》いたぜ お前《まえ》んちの ばーちゃん 変《へん》なこと やってんだろ!?
ニヤニヤ…
!!
バカみてぇ!!
お、おばあちゃんはっ…
変《へん》なことなんかやってな…
カアッ
ザワッ
あの丸山が怒ったぜー
うわー
…………っ
ああ!? んだよ 聞《き》こえねーよ
びびったー
〜〜〜〜っ
ほら 何《なに》してる!
パンパン

早《はや》く席《せき》につかんか!
とっくに帰りの会の時間だぞ!
ガタ
ガタッ
やっべ!
5-2
先生
………
ーーで、今日はーー
んで明日から〜はーー
…なんで…?
教会《きょうかい》に住《す》んでるって…
わたしは…
みんなと違《ちが》うの……?
神《かみ》さまを信《しん》じてるって………
おかしいことなの…!?
誰《だれ》もそうじに来《こ》ない…
ブチ
ブチッ
ヒソヒソ
ホントだいるよーー
言ったろー
まーた一人《ひとり》でいい子《こ》ぶっちゃってさ
さすが教会だぜーー
………
あいつにまかしときゃいーだろ
そうだな!

フー、おわったー
ガラッ
なぁ　みんな!
あさっての日曜《にちよう》どっか行《い》こうぜ!
あ、行《い》く行《い》く!
オレ子《こ》どもの国《くに》がいい――っ
ワイワイ
プール行きたいなー
あ、ねぇ丸山《まるやま》さん!
丸山《まるやま》さんも来《こ》ない?
ドキッ
いっぱいいた方が楽しいし♪
わ、わたしはちょっと……
日曜はダメなんだ
んだよ　つきあいわりーな!
またかよっ
しかたないよ　丸山《まるやま》さんち教会《きょうかい》なんだし
あ、そっか

あっそ
もういいよ
お前《まえ》は
さそわねーから
ズキン
ワイ
ワイ
じゃあ
8時集合《じしゅうごう》に
しようぜ!
えー
早《はや》いよー
じゃわたし
迎《むか》えに行《い》って
あげるよ
サンキュー
ガラ
……
ピシャン
でさー
おはよう!
恵《めぐみ》ちゃん
あ、
ゆたか先生《せんせい》
おはよう
ございます…
朝早《あさはや》く
えらいねー

…………
……これ、わたしの当番《とうばん》だから……
ゴシゴシッ…
小《ちい》さいころからずっとやってるし
あと玄関《げんかん》はいてスリッパ並《なら》べて……
それから……
…………
これ何《なん》て花《はな》？
きれいだね
…………
そうだマリーゴールド！マリーゴールドでしょ！
あったり
恵《めぐみ》…ちゃん…？
あの…
ハッ
じょろろろ…
きゃ〜〜っっっ!!
ご、ごめんなさいごめんなさいいっ
いいよ大丈夫《だいじょうぶ》…
でもっ
ゴシゴシッ
はあ〜〜…
わたし何やってんだろ
…ってゆーか、これぞーきん……

…どうしたの？
何かあった？
ううん 何《なん》にもないよ！
何《なん》にも！
あたっ
ゴンッ
カラン
何《なん》かあったの？
ぼくでよかったら話《はな》してごらん
にっ

…そっか…
そんなことがあったんだ…
…………
ゆたか先生《せんせい》……
なんかやだよ…
わたし何《なん》にもしてないのに……
ぎゅっ
なんで……
どうして変《へん》なふうに見《み》てくるの
わたし何《なに》かしたの…？
どうして……
恵《めぐみ》ちゃん……

Message ⑦
神《かみ》さまと出会《であ》っての巻《まき》
チュンチチ…
おはよーっす
はよー
教会のうら
おちついた？
……はい
ごめんなさい
……そーだね……
いろんな子《こ》が
いると思《おも》う
でもね……

恵《めぐみ》ちゃんのことをわかってくれる子《こ》もきっといるはずだよ
恵《めぐみ》ちゃんはみんなよりも神《かみ》さまに出会《であ》うのが早《はや》かっただけで…
その子《こ》たちもいずれ大《おお》きくなって……
大人《おとな》になってからもしくは歳《とし》をとってから
つらい出来事《できごと》や悲《かな》しい出来事《できごと》に出会《であ》った時《とき》に
神《かみ》さまに出会《であ》うことがあるかもしれない

神《かみ》さまを求《もと》めることがあるかもしれない
……
ん〜〜っ
恵《めぐみ》ちゃんは生《う》まれた時《とき》から、みのる君《くん》や光一君《こういちくん》たちはこのあゆみ野教会《のきょうかい》で
いつも神さまと共に歩んでいくことができますように
アーメン
神《かみ》さまはいつもいっしょにいてくださるんだよ
君がこうして一人でいる時も
ごめん
人《ひと》それぞれ神《かみ》さまとの出会《であ》い方《かた》は違《ちが》うけれど
恵《めぐみ》ちゃんがこうして早《はや》く出会《であ》ったのはきっと何《なに》か神《かみ》さまのご計画《けいかく》があるからだとぼくは思《おも》うよ
それはまだ何《なに》かはわからないけれど
ぼくは恵《めぐみ》ちゃんにはその名前《なまえ》の通《とお》りいつも神《かみ》さまの恵《めぐ》みに満《み》ちて

そしてその中《なか》でいつも笑《わら》っていてほしいって思《おも》う
……その悩《なや》みも
つらい事《こと》も……
神《かみ》さまは誰《だれ》よりも恵《めぐみ》ちゃんのことを知《し》っていてくださるよ
…………………うん……

ガラッ
あ、いたいた…
二人《ふたり》とも んなとこで 何《なに》やってん だよ──!
ちょっとね 外の空気が おいしいな〜っと
も──っ 早《はや》く入《はい》んなよ もうすぐ 始《はじ》まるよ!
あ、ゆたか先生《せんせい》 もしかして ちこくじゃ ないの──!?
9時だよ〜
ゆたか君が 来ないわ〜
イライラ
丸山先生
ゲッ
やっぱ〜〜
んらら らんらん
はれるー
や〜 らんらん
ではみなさん 先週《せんしゅう》に引《ひ》き続《つづ》き バザーに出《だ》す 品物作《しなものづく》りを やりましょう!
は──い!!
ワイ ワイ
ゆたか へったくそ だな──
そう?
かして みろよ
でろ〜ん

じゃーなー
バイバーイ♡
カァ
フーッ
カチャ
恵《めぐみ》ちゃん
あ、ゆたか先生《せんせい》
おつかれさまです
恵《めぐみ》ちゃんもおつかれさま
さ、休《きゅう》けいしてお茶《ちゃ》でも飲《の》も
…………
…ゆたか先生《せんせい》あの……
お願《ねが》いがあるんです…
おいのり……してもらってもいいですか……?

…明日《あす》から
また学校《がっこう》あるけど
まだちょっと不安《ふあん》で…
その…
また何《なに》か
言《い》われたら…
………
また
いい子
ぶってんぞ
いいよ、
にこっ
じゃあ
その子《こ》たちのために
いのってあげよう
そしたら
ぼくたちじゃなく
神《かみ》さまが
その子《こ》たちの心《こころ》を
変《か》えてくださるから
……天《てん》の父《ちち》なる神《かみ》さま

今《いま》、恵《めぐみ》ちゃんが学校《がっこう》の事《こと》で友《とも》だちの事《こと》で悩《なや》んでいます
神《かみ》さまどうかその子《こ》たちの心《こころ》が変《か》えられ
みんなで仲良《なかよ》くできるように導《みちび》いてください
そしてこれからの恵《めぐみ》ちゃんの歩《あゆ》みを見守《みまも》っていてください
「わたしはゆたか先生《せんせい》と」
たくさんおいのりした
学校《がっこう》のこと友《とも》だちのことそれからこれからのこと……
時間《じかん》もつかれも何《なに》もかも忘《わす》れるくらい……
わたしたちはいっぱいいっぱいおいのりしたんだ——……

MEGUMI
YUTAKI
CHU♡

Message ⑧
一つの試練を乗り越えての巻

あらあら

カチャ、

ゆたかくーん
恵——？

カァ
カァ

すか〜っ

なあに、二人《ふたり》して寝《ね》ちゃって
つかれちゃったのねー
くすっ
なんかこうして見《み》ると兄弟《きょうだい》みたいねー
くかーっ
まったく…わたしには手《て》のかかる息子《むすこ》が一人《ひとり》増《ふ》えたってかんじよ
ふーっ
フフフ
うにゃ…
……でも昔《むかし》を思《おも》い出《だ》すわー……
よく礼拝《れいはい》が終《お》わったあとに……
カチャ
恵《めぐみ》ー？恵《めぐみ》どこー？
しっ
いたわよちゃんとほら
かーっ

もーっ
まーた
二人《ふたり》で
寝《ね》てる…
か〜〜っ
こんなところで…
また
ゆたか君《くん》が
遊《あそ》んで
くれたのね
この子
起きないわ
ビクとも
しないっ
しっかり
恵ちゃーん
まったくホント
変《か》わらないんだから
寝顔も
昔のまんまね
ふあさ…
…………
……また恵《めぐみ》が
お世話《せわ》になるわね
ゆたか君《くん》
ふぁい…
恵《めぐみ》もいつも
ありがとうね
とても助《たす》かっているわ
…山《やま》さん、
ねえ、丸山《まるやま》さん
わたしも
手伝《てつだ》うよ
ブチッ

……あのね
わたし……
でさー
中村さー
あんな
カンタンなことで
失敗《しっぱい》してやがんのー
バカみてー
バカ村《むら》だー
ははは
間違《まちが》いなんて
誰《だれ》にでもあること
だし、そのくらい
別《べつ》に……
あの時《とき》
丸山《まるやま》さんに
かばってもらえて
すごくうれしかったんだ
ねえ土曜日《どようび》
とかだったら
遊《あそ》べる?
うん!
ゆたか先生《せんせい》の
言《い》う通《とお》り……
わたしのこと
わかってくれる子《こ》
ちゃんといた……

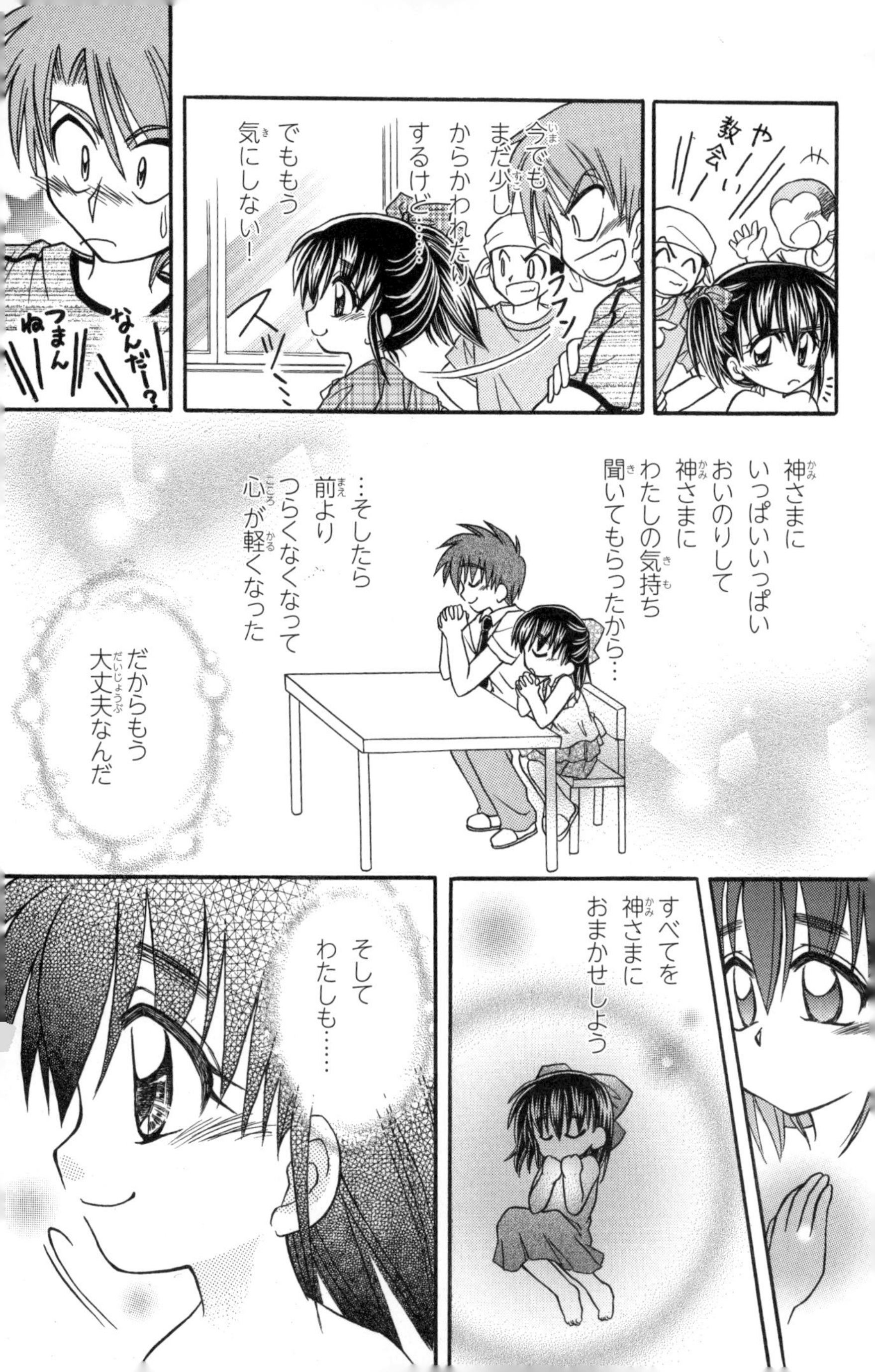
やーい
教会ー
今《いま》でもまだ少《すこ》しからかわれたりするけど……
フフン
でももう気《き》にしない!
ズッ
なんだー?
つまんねー
神《かみ》さまにいっぱいいっぱいおいのりして神《かみ》さまにわたしの気持《きも》ち聞《き》いてもらったから…
…そしたら前《まえ》よりつらくなくなって心《こころ》が軽《かる》くなった
だからもう大丈夫《だいじょうぶ》なんだ
すべてを神《かみ》さまにおまかせしよう
そしてわたしも……

もっと強《つよ》くなろう!!
ワイワイ
なあ、今度《こんど》の日曜《にちよう》さあまたどっか行《い》こーぜ！
みんな行《い》けるよな！
約《やく》1名《めい》を除《のぞ》いて!!
ちらっ
あんたまた―
ひどいよかわいそうじゃーんっ
ギャーギャーギャー
っせーな！
………
ぐっ…
わたしは大丈夫《だいじょうぶ》だよ
え？

わたし日曜《にちよう》は遊《あそ》びに行《い》けないけど…
でもみんながかわりにわたしんちに来《き》てよそしたら、いっしょに遊《あそ》べるよ!
シーーーン…
はあ!?
だってお前んち…
あっ…
何《なに》言《い》ってんのわたしっ
あ、あのね、えっとねっ
そーだ今度《こんど》教会《きょうかい》でバザーやるのバザー!
自分《じぶん》でもびっくりっ…
あはは…どうかなーなんて…
へえ……
バザーか…
わっ
いいな楽《たの》しそう!
どんなことやんの?!
えっとね…みんなでいろいろ作《つく》ったり…出店《でみせ》もあるんだ
わい
わい
わいっ
な、なんだよオレも入《い》れろよっ

ゆたか先生《せんせい》
わたし
もう
大丈夫《だいじょうぶ》だよ
にこっ
心《こころ》から
笑《わら》っていられる……
だって
たくさんの
神《かみ》さまの
恵《めぐ》みを
感《かん》じるから……!!
いいよ
みんなで
おいでよ!
あゆみ野《の》
教会《きょうかい》へ!!
わい
わい
やあ
こんにちは
新しい
お友達~~?
丸山屋
日用品
ジュース
コーラ
オレンジ
ウーロン
あゆみ野教会
バザー
ようこそ!
ケッ
わい

Message ⑨
大地《だいち》、はじめての教会《きょうかい》の巻《まき》

welcome!

ザッ
…なんか入《はい》りづれえな…
人《ひと》いんのかな
ぴょんこぴょんこ
ちょこ
ちょこ
ちょこ
あけたらどんなやつが出《で》てくるんだろ…?
やばいちこくちこくー!!
キキ〜〜ッ
わ〜〜〜っ
わ〜〜〜!?

ごめん
ごめん
大丈夫《だいじょうぶ》?
いそいでてさー
ごめんね
あ、この人《ひと》は
この前《まえ》たしか――…
ヤキソバ
たべない?
ザッ
ザッ
あゆみ野
バザーにて
あのオレ…
あ、君《きみ》は
この前《まえ》の!
え――と…
大久保大地《おおくぼだいち》
ですけど…
あ――、
そっか
大地君《だいちくん》か――!
にこ
にこ
あのオレ、
この前《まえ》のバザーん時《とき》
忘《わす》れ物《もの》しちゃって……
けいたいゲームなんですけどで
うんうん
そっか
来《き》てくれたんだ――
それを
取《と》りに…
なるほどね――
あ、いそがないと
もう始《はじ》まっちゃうよ!
え…?
にこ
にこ
にこ
こっちこっち
いそげ――!!
は、話《はなし》
聞《き》いてね
～～～!!
…な、なんで
こんなことに…
帰りたい…
お、
大久保君《おおくぼくん》…!?
なになに
恵《めぐみ》、
知《し》り合《あ》い
なのー?
かっこいー♡
キャーッ♡
うん、
ちょっと…
ね……
あいこちゃん…
……
では聖書《せいしょ》
161ページを
ひらいて……
せ、
聖書《せいしょ》?
わたっ…

スッ…
さんびか
ニコッ
ま、丸山《まるやま》…
サ、サンキュ……
さあみんな今日《きょう》は神《かみ》さまの愛《あい》について学《まな》ぼう！
神《かみ》さまは愛《あい》のお方《かた》なんだ
どんな小《ちい》さなことでもぼくらを見《み》ていてくれている…
「そしてね……悲《かな》しい時《とき》はいっしょに悲《かな》しんでくれて
うれしい時《とき》はいっしょに喜《よろこ》んでくださる
だからぼくらはどんな時《とき》でも一人《ひとり》じゃないんだ」
だろ？
………
ありゃ？
パクパク
もー〜っ
だってゆたか先生《せんせい》この話《はなし》ばっか！
何十回《なんじゅっかい》って聞《き》かされてっぞ
や
おぼえちった
そーかなー
だってとても大切《たいせつ》なことなんだよ——

とにかく、神《かみ》さまに愛《あい》されてるなんて…これ以上《いじょう》の幸《しあわ》せはないよね！
ね！
にこっ
…まあ そーだけどさ…
えへへへ
オレはオムライス食《く》ってる時《とき》の方《ほう》が幸《しあわ》せだけどな
ポコッ
ったく あんたは！
くす
わいわい
？？
なんなんだ わけわかんねぇ…
悲《かな》しい時《とき》はいっしょに悲《かな》しんでくれて うれしい時《とき》はいっしょに喜《よろこ》んでくれるっ…
…て……？
チラ
もしかして それがこいつらがニコニコしてる秘密《ひみつ》なのか……？
じゃあ コロッケ…
ちがうでしょっ
ピクッ
では 礼拝《れいはい》おわり まーす
フン
そんなの知《し》ったことか！
帰《かえ》ろっ
ガタッ

ドタ
ドタッ
おーーい
おーーい
そこの!
おーーい
…んだよっ
タッチ!
ヤッタ!
大地《だいち》君《くん》
鬼《おに》ねー
あ～あ
だから
言《い》ったのに…
はぁ!?
ちょっ
オレはもう
帰《かえ》っ……
にげろ～っ
わ～～っ!!
バタバタバタッ
ザッ
わー
わー
こら! 部屋《へや》の
中《なか》で鬼《おに》ごっこ
するんじゃ
ありません!
わ～っ!!
わ～っ
丸山先生《まるやませんせい》だ
逃《に》げろ～～!!
んなっ…
ギン
ゆたか
く～～ん!!
あなたって
子は～～～
わ～～～っ!!
あははっ
ずどーどーどどどどっ

どどどどっ
みんなどいてー！
ねぇねぇ恵《めぐみ》、あの人《ひと》恵《めぐみ》の知《し》り合《あ》いなんでしょ？
わ〜っ!!
ここにも恵《めぐみ》が呼《よ》んだの？
カッコイー私にも紹介してよー♡
ガしっ
ゆたかがつれてかれたぞ…
すげー力持ちだな…
このくらいたくましくなきゃ
ごめんなさい…
ずりずり…
ううん、そんなんじゃないよ
だってわたし…
？
…丸山先生《まるやませんせい》血圧《けつあつ》上《あ》がりますよ
だまらっしゃいっ
つたくあなたが一番手がかかるわ
ガラッ
今日という今日はもう…
ガミガミガミ…
ピシャン!!
…外《そと》で遊《あそ》ぼーか
そーだね
お前《まえ》も外行《そとい》こーぜ
オレ帰《かえ》るんだけど……
ドッチボールやろ——
って聞《き》けよ
ちょっと待《ま》ちな！
あいこちゃんいいの！わたしもう気《き》にしてないから…
よくないよ！

キッ
?
あんた、学校《がっこう》で恵《めぐみ》のこといじめてたってどういうことよ!!
え………?

Message ⑩
激突《げきとつ》！あいこVS大地《だいち》
わるいのはどっち!?の巻《まき》

え、あいつ丸山《まるやま》のこといじめてたの…？
ザワッ
うそ──
あいこちゃんやめてっ…
そんなあんたが一体何《いったいなに》しに来《き》たわけ!?
どーせここにも恵《めぐみ》をからかいに来《き》ただけなんでしょ！
そんなことわたしがさせないからね！
ぐっ…
何《なん》だよそれホントなの？
コソコソ
やだ──そんな人《ひと》だったのー？
ヒソヒソ
そんな風《ふう》には見《み》えなかったけど……
じゃあホントは何《なに》しに来《き》たんだろ──
知《し》らねーよオレに聞《き》くなよ

……っ
!!
っざけんなよ
オレだって
こんなとこ
来《き》たくて来《き》たワケじゃ
ねーんだよ!!
なんですってぇ!?
キ
あいこちゃん!
恵《めぐみ》はだまってて!
へんっ
さすが〝教会《きょうかい》〟の仲間《なかま》だぜ
ろくでもねーやつら
ばっかだ
ムカッ
恵《めぐみ》を
バカにしたら
許《ゆる》さないよ!!
うぜーんだよ
丸山《まるやま》、丸山《まるやま》ってよ!
わけわかんねえもん
信《しん》じてやがって
バカ
みてぇっ!!

帰《かえ》んな!!
ここは
あんたみたいなやつが
来《く》るところじゃ
ないんだよ!!
ケッ
あーあ、
言《い》われなくても
もう来《く》るかよ
こんなとこっ
…………
こんなとこ～～!?
早《はや》く
出《で》てけ～～～!!
ギャオースッ
ガラッ
ピシャンッ
フーッ
フーッ
かお…
ひん～っ
大久保《おおくぼ》くんっ…
つんだよ
…何《なん》だよ
あいつ…
ホントに
何《なに》しに来《き》たのって
かんじ
でもさ
あいこ、お前《まえ》も
〝帰れ〟なんてさ
ちょっと
言《い》いすぎ
だよ……

ずいっ
なによ じゃああんたは 許《ゆる》せるの？ あいつの こと……
それは……
んん～っ
あいつも ちょっと ひでぇとは 思《おも》うけど……
どっち なのよっ ハッキリ しなさいよ!!
ええ!?
apple rabbit
どっちっ て……
え…と…
あーもー わかんねぇよ!!
があっ!!
だいたい お前が
何よ あんたが
ぎゃア ぎゃア
ケ、ケンカは だめだよ 二人《ふたり》とも～
うるさい だまってろ!!
ふぇ…
…………
あ……
みのる…
わ、わりぃ ごめんよっ
ゴメン みのるっ
ぼ、ぼく 大丈夫《だいじょうぶ》だよ……
ぐしゅ ぐしゅ…
泣いたり なんか しないよっ
もうっ
おい どこ行《い》くんだよ
帰《かえ》る！
ガラッ…

ピシャーン！
ザワ
ザワ
ザワ…
何《なん》だよ もう……
メチャクチャじゃんか……
ガラッ
みんな～～～!!
まったく反省してるのかしら…
今度《こんど》はちゃんと外《そと》で遊《あそ》ぼーー!!
パッ
ドッジボールやろー♪
ーン
………ってあれ？
ドッジボールいや？
きょろきょろ
シーーーン
なんか…あったの…？
なーんでゆたかはいっつも肝心《かんじん》な時《とき》にいねーんだよっ!!
やっちまえ～!!
いてててなになになに～～？
どどどどっ
……そっか そんなことが……
ボロ…
もーオレたちどうしていいのかわかんねぇよ……
とりあえずどいて信次郎くん
………
じゃあイエスさまだったらどうしたかな
すとっ
え……？

イエスさまもこうやって追《お》い出《だ》したりするかな…？
…………
イエスさまは…しない……
と思《おも》う……
うん…
にっ
そうだね
イエスさまだったらきっと今日《きょう》大地君《だいちくん》が来《き》てくれたことをとても喜《よろこ》ばれただろうね
ズキ!!!
…………
いい？みんな
ぼくはいつも神《かみ》さまの愛《あい》について話《はな》してきたよね
悲《かな》しい時《とき》はいっしょに悲《かな》しんでくれて
うれしい時《とき》はいっしょに喜《よろこ》んでくれる
—でもね

神《かみ》さまがこうして愛《あい》してくださっているのはぼくたちだけじゃないんだよ——……
ザクッ
くそっ…
…あんなこと言《い》うつもりじゃなかったのに…
あーくそ気分《きぶん》わるっ
さ、今日《きょう》はもう終《お》わりにしよう
……大地君《だいちくん》……
ぼくは信《しん》じているよ
君《きみ》が再《ふたた》びここに来《き》てくれることを——……

Message ⑪

……ごめんねの巻《まき》

MEGUMI
AIKO
バイバーイ
じゃーねー
ザッ
あのよ……
何《なに》よ光一《こういち》!
……オレは……
神《かみ》さまはどんなやつでも愛《あい》してくれるって…
ゆるしてくれるって教《おし》えてもらった
だからよ…
apple rabbit

オレは あいつのこと… ちゃんと迎《むか》えて やりたいって思《おも》う
…………
ふんっ
何《なに》よ わたしは わるくないもん……
またね
先生《せんせい》…
あーいこちゃん!
…みんなに聞《き》いて 来《き》たんでしょ
プイッ
おこるなら おこりなよ わたしは謝《あやま》ら ないからね!
ゆたか 先生《せんせい》…
…………
……わたし… 先生《せんせい》の話《はなし》、聞《き》いてたよ
「イエスさまだったら 今日《きょう》、大地君《だいちくん》が 来《き》てくれたことを とても喜《よろこ》ばれた だろうね」
でも…わたしは あいつのこと 許《ゆる》せない……
「わけわかんねえもん 信《しん》じてやがって バカみてえ!!」
…あんなこと 言《い》われて……
ぐっ…
あいこちゃん……

だって…
だってそれじゃあ みんなのことも… イエスさまのことだって バカにされたことになるんだよ⁉
そんなの許《ゆる》せないよ…
ポソ
あいこちゃんは…
イエスさまや教会《きょうかい》のみんなが大好《だいす》きなんだね
………
大好《だいす》きだよ… 恵《めぐみ》だって信次郎《しんじろう》だって ゆたか先生《せんせい》のことだって…
みんなみんな大好《だいす》きだよ…
…ねぇ あいこちゃん 教会《きょうかい》ってどんなところだと思《おも》う?
え……?
む〜〜っ
どんなところって そんなの…
神《かみ》さまを信《しん》じている人《ひと》が集《あつ》まって、みんなで賛美歌《さんびか》歌《うた》ったり
神《かみ》さまにおいのりしたりするところでしょ?
…うん そうだね
なによ、それがどーかしたの⁉

信《しん》じてても
信《しん》じてなくても
学校《がっこう》の友《とも》だちでも
お父《とう》さん、お母《かあ》さんでも
…嫌《きら》いだなって
思《おも》っている子《こ》でも…
教会《きょうかい》というのは
誰《だれ》が来《き》ても
どんな子《こ》が来《き》ても
いいところ
なんだよね
神《かみ》さまは
どんな子《こ》でも喜《よろこ》んで
教会《きょうかい》に迎《むか》え入《い》れて
くださるんだよ
…………
「帰《かえ》んな!!」
「ここは
あんたみたいなやつが
来《く》るところじゃ
ないんだよ!!」
…………
…わたし……
…………
キゅっ
—天《てん》の父《ちち》なる
神《かみ》さま
神《かみ》さまがイエスさまを
くださって
わたしたちに人《ひと》を愛《あい》する
ということを教《おし》えて
くださいました

わたしたちも神《かみ》さまのようにどんな人《ひと》でも愛《あい》しお互《たが》いにわかり合《あ》うことができるように
そのための勇気《ゆうき》と知恵《ちえ》と人《ひと》を思《おも》いやれる気持《きも》ちを与《あた》えてください
そして――…これからどうしていけばいいのか導《みちび》いていってください
ぐっ…
わたし大久保君《おおくぼくん》にとてもひどい事《こと》を言《い》っちゃって……
神《かみ》さま
きっと神《かみ》さまは悲《かな》しいなって思《おも》っちゃったよね
どうかわたしのことをゆるしてください
そして神《かみ》さまお願《ねが》いします
わたしにこれからどうすればいいのか教《おし》えてください――…
結局《けっきょく》、あいつらがニコニコしてる理由《わけ》、わからずじまいだったな……
まぁオレにはカンケーねぇことなのかもしれねーけど…
ぽけ
っ…
ハッ
なーにボーッとしてんだよオレ!
あ～～～っ
オレらしくもねぇ!!
ザッ

あの……
大久保君《おおくぼくん》……
ああ!?
今《いま》さら教会《きょうかい》の仲間《なかま》が何《なに》か用《よう》かよ
学校《がっこう》でまで会《あ》いに来《き》やがってしつけーやつ!
ムカッ
何《なに》よ別《べつ》にあんたなんか…っ
……
……じゃなくて
ボソ
ごめん
え……?
なんだよ……
いきなり…
だから…この前《まえ》はごめん!
ほらこれ!!
じゃーね!!
ダダダッ
?
?
なんなんだよいきなり…
カサ

メリー
クリスマス♥
今度の日よう日に
あゆみ野教会で
クリスマスをやります♥
たのしいから
来てネ!
おかしも
もらえるよ!
あ、それ
なんだよ、大地《だいち》!
ラブレターかよー
ヒュー
ヒュー
な、なんでも
ねーよ!
カサ…
くすっ
これで
いいんだよね
神《かみ》さま
タッ
わたしもこれから
もっともっとたくさんの人《ひと》を
受《う》け入《い》れられる
ように……
イエスさまのような
大《おお》きくて広《ひろ》い心《こころ》をもつことが
できますように——……

Message ⑫

神《かみ》さまがくださった たくさんのプレゼントの巻《まき》

あっ…
よく来《き》たね
にこっ
べつに…ちょっと通《とお》りかかったから来《き》てみただけだよ
プイ
………
なあ…
うん…
来《こ》いよ! 行《い》こうぜ もうすぐはじまるぜ!
おう……
おい そんなひっぱんなよっ
あははっ

さあ今日《きょう》はクリスマスですね
みなさんはどんなプレゼントがほしいですか?
わい
わい
ゲームソフト!
はいはーい
洋服《ようふく》ー♥
野球《やきゅう》のグローブ
は〜いっ
カレーライス大盛《おおも》り一年分《いちねんぶん》!!
にゅっ
………
どこにいるのかと思ったらっ
コホンッ
とまあクリスマスにはどんなプレゼントがもらえるかとても楽《たの》しみだけど…
かわった
でもねぼくらはもう神《かみ》さまからとてもすばらしいクリスマスプレゼントをもらっているんだよ
それはね……
?
せーの…
イエスさま!

にこっ
──そう
今《いま》から
二千年以上《にせんねんいじょう》もの昔《むかし》
神《かみ》さまがこの世《よ》に
送《おく》ってくださった
イエスさまなんだよね
ザクザク
イエスさまを通《とお》して
神《かみ》さまはぼくたちに
たくさんのものを
くださったよね
ザワザワ
じゃあ、みんな
言《い》えるかな?
?
はい!
はい
みのる君《くん》
ぼくは…
えっと 前《まえ》は
友《とも》だちとか
あまりいなくて
しゃべるのとかも
苦手《にがて》だったけど…
でも
一人《ひとり》じゃないって
知《し》って……
ぼくは
〝勇気《ゆうき》〟を
もらいました!
にこっ
はい
パチパチ
パチッ…
はい
光一君《こういちくん》
オレは…
うまく言《い》えねー
けど……
前《まえ》はわるいこと
ばっかしてて
でもそれを
全部《ぜんぶ》ゆるして
くれて……
オレは
〝愛《あい》〟を
もらったかな…
お〜
〜っ
カッケー
愛だって
〜〜
パチ
パチ
パチッ…

わたしは“強《つよ》い心《こころ》”をもらいました
はいはーいっ
わたしはぁ〜〜っ
“人《ひと》にやさしく接《せっ》する気持《きも》ち”……かな?
あ――?
お前《まえ》がかよ――
何《なに》よ信次郎《しんじろう》!!
何か文句あんの!!
ほらできてねーじゃんっ
おっかねー
カッ
だいたいあんたは何《なに》をもらったのよ!
オレ?
む〜〜っ
オレ………
オレはえっと……?
ん〜〜っ!?
わかんねぇ!!
どっ!!
なによそれ〜〜!!
だってわかんねーんだもん
とくにこれといってさぁ……
はぁ〜?!
はい静《しず》かにね!
信次郎君《しんじろうくん》はこれから何《なに》かをもらうんじゃないかな?

神《かみ》さまのなさることは時《とき》にかなって美《うつく》しい――……
神《かみ》さまはそれぞれにあった時《とき》や方法《ほうほう》でみんなを導《みちび》いていってくださるから
じゃあオレはその時《とき》まで待《ま》ってりゃいいのか！
うーん
そーいうこと……かな？
気楽だなぁ…
――ケンカをしたって
困《こま》ったことがあったって大丈夫《だいじょうぶ》
きっと乗《の》り越《こ》えていける
……だってそこにはいつも――……
楽しかったー
またねー
ザッ
あ、大久保君《おおくぼくん》
………
あのよ…

……お前《まえ》らは
いつもそうやって
ニコニコしてて……
──不思議《ふしぎ》だったけど
でも　なんでだか
わかった気《き》がする
すっ
お前《まえ》らにはいつも
神《かみ》さま……
イエスさまってやつが
ついていたんだな
うん
にこっ
そして大久保《おおくぼ》君《くん》
あなたにも
ついてくれて
いるんだよ
イエスさまが
オレ
にも……？
コクッ
…………っ

バ、バッカみてー
んなわけ
ねーだろっ…
わたしね
あれからずっと
大久保君《おおくぼくん》のこと
おいのりしてたんだ
〜〜っ
パクパクッ
パク
だから
今日《きょう》こうして
来《き》てくれて
とても
うれしいよ!!
カアーッ!!
ふ、フン!
じゃーな!
神《かみ》さまが
わたしたちにくださった
たくさんの
プレゼント
大久保君《おおくぼくん》の心《こころ》にも
神《かみ》さまからの
プレゼントは
届《とど》いたのかな……
イエスさま…
か……

Message ⑬
大地《だいち》の家庭《かてい》の事情《じじょう》の巻《まき》

え〜っ
オレは家《いえ》でゲームやってる方《ほう》がいいなー
無関心《むかんしん》
もうっ
あんたはもっとお日《ひ》さまに当《あ》たんなよっ
どよ〜〜ん
ゲーム
ピコピコ…
はいはーいっ ぼくカレー食《た》べ放題《ほうだい》の店《みせ》に行《い》きたい！
カレー☆バイキング
ここ…！
えーならオレサッカーの試合見に行きてー
わたしはショッピングしたい〜
もういいわ わたしが決《き》めます！
あたまいた…
わいわい
キーンコーン
ウフフ
今日《きょう》のおとまり会《かい》楽《たの》しみだなー
そうだ 大久保君《おおくぼくん》も誘《さそ》ってみようかな
ひょこっ
!!
？
っにすんだよ！
やめろよ大地《だいち》！どうしたってんだよ！
大久保君《おおくぼくん》…?!
ハァッ
……っ
オレはべつに……
大久保君《おおくぼくん》の両親《りょうしん》仲《なか》わるいんだろって言《い》っただけ……

ズガ
バキィ
…んだと!
うわぁっ
キャーッ
なにー?!
やめろよ おいっ
こら 何《なに》してる!
先生《せんせい》ー!!
…………大久保君《おおくぼくん》……
やめときなって 今《いま》は話《はな》しかけない 方《ほう》がいいよ
ヒソ
でも あんな大久保《おおくぼ》 はじめて見《み》たねー
そうそう いつも クールなかんじ なのに…
びっくりしちゃった
…………
こら大地《だいち》 ちゃんと答《こた》えなさい!
どうして ケンカなんか したんだ?!
学校《がっこう》から連絡《れんらく》が 入《はい》ったのよ?!
…………
黙《だま》ってないで 何《なん》とか 言《い》いなさい!!
ちゃんと 聞《き》いてるの?!
大地《だいち》!
こら 大地《だいち》……!
バタンッ!
…………

ギャアギャア
大地《だいち》が
こうなったのも
あなたのせいよ
なにをっ……
お前《まえ》がちゃんと
しないからだろ!
なんですって?!
どうして
いつもいつも
そう……
……っ
お前《まえ》の両親《りょうしん》
仲《なか》わるいんだろ!
……
大久保君《おおくぼくん》……
カァッ
なんで
こんな時《とき》に
丸山《まるやま》なんか…
大久保君《おおくぼくん》にも
ついてくれて
いるんだよ
イエスさまは
………
オレにも……
…神《かみ》さま……
ぐっ…
どうか
オレの両親《りょうしん》
を……
父《とう》さんと母《かあ》さんを
元《もと》の…仲《なか》の良《よ》かった
ころに……
昔《むかし》のように
戻《もど》してください
──神《かみ》さま
おねがいします

神《かみ》さまどうか——
……寝《ね》ちまったのか……
シュゥゥン
静《しず》かだな…
…終《お》わったのかな……
もしかしておいのりしたのがきいて——……
カチャ…
もういいわ
あなたとはやっていけない
そうだな
仕方《しかた》ない…
ビクッ
離婚《りこん》……だな……

ガタンッ
大地《だいち》!?
大地《だいち》 こら
どこ行《い》くの!
待《ま》ちなさい!!
大地《だいち》……!
どこだって
いいだろ!
てめーらには
カンケーねぇ!!
大地《だいち》……
ダッ
神《かみ》さまは……
神《かみ》さまは
愛《あい》のお方《かた》なんだ
どんな小《ちい》さなことでも
ぼくらを見《み》ていて
くれている
悲《かな》しい時《とき》だって
うれしい時《とき》だって……

だからぼくらは
どんな時《とき》でも
一人《ひとり》じゃ
ないんだよ……
うそだ
そんなの…
…わかってた…
いつかは
こんな日《ひ》が
来《く》るって……
覚悟《かくご》
してた…!!
…大久保君《おおくぼくん》……

Message ⑭
恵《めぐみ》のいのりの巻《まき》
あーあ 結局《けっきょく》、大久保君《おおくぼくん》 さそえなかったな…
そろそろ みんなが 来《く》るかも……
ひょこっ
ダダダダッ
キャッ……
す、すいませ…
あ……
…大久保君《おおくぼくん》…?
ハッ
……

どうしたの…？
……っ
……なんで
お前《まえ》らは…
神《かみ》さまが
ぼくに勇気《ゆうき》を
くれました！
オレは愛《あい》を
もらった
かな……
神《かみ》さまのおかげで、
人《ひと》にやさしく
できるように
なったかも……
……わかんねぇよ
お前《まえ》らの
言《い》ってることが……
オレは…
オレはお前《まえ》ら
みたく……
ぐっ…
……神《かみ》さまを
信《しん》じることなんて……
……できねぇよ……

……
大久保君《おおくぼくん》……
あ、恵《めぐみ》～～～？
大久保君《おおくぼくん》こっち！
…？
あれ？今《いま》ここに恵《めぐみ》と誰《だれ》かいなかった？
こつぜん
ぼく知《し》らないよ気《き》のせいじゃない？
あんたは何《なに》枕《まくら》なんて持《も》ってきてんのよ
わいわい
……
ぼくこの枕《まくら》じゃないと眠《ねむ》れないんだ
なにそれーあんたらしー
あははっ
……はなせよ……
ぎゅうっ
…ごめん…
………
…お前《まえ》らの言《い》うさ
神《かみ》さまがホントにいるなら……

…なんで
オレの両親《りょうしん》を
こんなふうに
しちまったんだ…
昔《むかし》は…みんな
仲良《なかよ》かったんだ……
でも
だんだん…
……………っ
…大久保《おおくぼ》君《くん》
おいのりしよう
いいよ……
わたしも前《まえ》に
つらかった時《とき》に
おいのりしたら……
すごく気持《きも》ちが
楽《らく》になったんだ
だから…
ね?
してみたさ…
おいのり……
でも………
離婚
だな……
ぐっ…

…じゃあ 何度《なんど》でも おいのりしよう
何十回《なんじゅっかい》でも 何百回《なんびゃっかい》でも……
大久保君《おおくぼくん》の お父《とう》さんとお母《かあ》さんが 元《もと》の仲《なか》の良《よ》かったころに 戻《もど》れるように――……

…丸山《まるやま》、ありがとな
ううん、これがわたしが大久保君《おおくぼくん》にできるせいいっぱいだから……
お前《まえ》って……
？
お前《まえ》ってすげえな
オレ……前《まえ》はお前《まえ》のことを……
なのにそんなオレのことまで、人《ひと》のことまで心配《しんぱい》して……
…ううん
わたしはすごくなんかないよ
でも神《かみ》さまがちゃんとよい道《みち》を用意《ようい》してくれるって信《しん》じているから……
だから、頑張《がんば》っていけるだけ
神《かみ》さま…か…

大久保《おおくぼ》…
君《くん》…？
やあ～～
大地君《だいちくん》じゃないか～
にゅっ
こんばんわ～～っ
やあ～!
うしろからどーも!
……っ
ゆ、ゆたか先生《せんせい》
びっくりしたー
久《ひさ》しぶりー
元気《げんき》だった？
Xマス以来だねー
わ～～っ!!!
みんなー大地君《だいちくん》が来《き》たよー!!
先生《せんせい》!!
待《ま》って!
むぐっ
がばっ
バックドロップ
あれ大地《だいち》じゃん!
スしぶりー
わっ!?
ゆたか先生《せんせい》!?
恵《めぐみ》ちゃん!?
大地《だいち》!? ちょっとこれどーいうこと～!?
あんた何したのよー!?
いやあその……
う～ん…
きゅう
ぴくぴく…

Z

Message ⑮
どんなことがあっても…の巻《まき》

あれから大久保君《おおくぼくん》は
なりゆきで
おとまり会《かい》に
参加《さんか》することに
なっちゃったみたい
ずっ ずっ…
はい 行こー 行こー
ニコニコ
こっちこっち!
お・おいっ
大久保君《おおくぼくん》
家《いえ》のこと
みんなには……
…言《い》ってねぇ
いいんだオレ、
……家《いえ》には
帰《かえ》りたくねぇから…
………
どうしよう
これじゃ家出《いえで》じゃない
このままじゃ
大久保君《おおくぼくん》の家族《かぞく》
バラバラに
なっちゃうよ…
どうすれば
いいの…?
ぎゅっ
何で山なんだよ〜
海〜〜
遊園地〜〜〜
豪華客船で東京湾一周がよかった〜
ブー ブー ブー
はい、文句《もんく》言《い》わない!!
ったく近ごろの子はっ!
がぁっ
ほら ゆたか君《くん》を 見《み》てみなさい!
あんなに楽《たの》しそうに…
ピークニック ピークニック
てっぺんに ついたら おべんとう〜
ルン ルン ルン
ピークニック ピークニック
ぷ〜〜ん。
………てっぺんに… ついたら……
きゅるるる・・
みんなの分の お弁当

パクッ
ちょっとだけ♥
があっ
ゆたか君《くん》!!
ギャア
今《いま》食《た》べたもの出《だ》しなさい!
ギャア
ムリですよ～～
いこーぜ
そうだね
わ～っ!!
すげ――っ てっぺんだぜ――!
つかれた～
ハアッ ハアッ
……………
きれい…… だな……
……………
ヒュウ…!!
今《いま》ごろ… 父《とう》さんと母《かあ》さんは何《なに》をしているだろうか……
心配《しんぱい》…… してるだろうか……
……
ぎゅっ…

どどんっ
神《かみ》さま、この自然《しぜん》を通《とお》して
びくっ
ぼくたちに明日《あす》を生《い》きる力《ちから》をくださってありがとうございます!!
まったくゆたか君《くん》は…
さっそく何《なに》やってんの…
………
えへへ
こんな山《やま》の上《うえ》でおいのりしたらいつもより神《かみ》さまを身近《みぢか》に感《かん》じるかもしれないですよ!
え、ホント!?
わたしも言《い》お!
ぼくもぼくも!
ったくもー
おいでおいで
神《かみ》さま――!
一度《いちど》でいいからテストで100点《てん》とらせてくださ――い!!
ぼく背《せ》が高《たか》くなりたいで――す
わあ
わあ
長生《ながい》きできますように
おばあちゃんの病気《びょうき》が治《なお》って元気《げんき》になりますように!!
………
………
わあわあ
ねえ　ゆたか先生《せんせい》
神《かみ》さまに届《とど》いたかなぁ
うん　もちろんだよ!
………っ
じゃあぼく背え高くなるかな～
えへへ
ぴょんこ
ぐぐっ
バッカみてぇ!!
?!

ザッ…
こんなにたくさんのねがいが全部《ぜんぶ》かなうわけねぇじゃねぇか!
どうせ神《かみ》さまは聞《き》いてくれやしないんだよ!
シ……ン
……?
どうしたの信次郎君《しんじろうくん》?
ぶすっ
あー、こいつおとといの野球《やきゅう》の試合《しあい》でボロ負《ま》けしてさー
それを神《かみ》さまのせいにしてんのよー
ケタケタ
バッカよねー
ケタケタ
な、何《なん》でもかんでもしゃべってんじゃねーよこのブス!!
な、なによ~~!!
だいたいあんたがへったくそなのがわるいんでしょー
フンだ!
……っ
あ、ちょっと信次郎《しんじろう》?!
ダッ
信次郎君《しんじろうくん》!
ダダ
どこ行くの!?
待《ま》って信次郎君《しんじろうくん》!
ダッ
?!
ピタッ
ダンッ
神《かみ》さまのアホ~~!!
アホー
アホー
アホー……
ずっ
……
アホ?

……オレ……
はじめての スタメンだったんだ……
ずっと頑張《がんば》ってきて たくさん練習《れんしゅう》して……
やっと認《みと》めて もらって……
神《かみ》さまにも いっぱいいっぱい おいのりしたんだ!
勝《か》てますようにって…
ザッ
ザッ
なのに……
……全然《ぜんぜん》 力《ちから》が発揮《はっき》 できなくて……
…………
オレのおいのりは 神《かみ》さまには聞いて もらえなかった のかな……
父さんと母さんを 元《もと》の…仲《なか》の良《よ》かった ころに……
昔《むかし》のように 戻《もど》してください
──神《かみ》さま お願《ねが》いします
離婚《りこん》…… だな……
……
!
そんなこと ないよ
信次郎君《しんじろうくん》の 気持《きも》ちは ちゃんと神《かみ》さまに 届《とど》いてる

信次郎君《しんじろうくん》の頑張《がんば》りも……ちゃんと神《かみ》さまは知《し》っているよ
信次郎君《しんじろうくん》のことを誰《だれ》よりも知《し》っているのは神《かみ》さまだから
……っ
じゃあどうしてっ… オレ…
にこっ…
大丈夫《だいじょうぶ》、神《かみ》さまは必《かなら》ず信次郎君《しんじろうくん》に頑張《がんば》っていける力《ちから》を与《あた》えてくださるよ
くしゃ…
だから信《しん》じよう神《かみ》さまを
神《かみ》さまが必《かなら》ずよくしてくださると
どんなことがあっても
神《かみ》さまが信次郎君《しんじろうくん》にとって一番《いちばん》よい道《みち》へ導《みちび》いていってくださると——…
ぐっ…

Message ⑯
どうする!? どうなる大地《だいち》!?……の巻《まき》

信《しん》じよう
神《かみ》さまを
神《かみ》さまが
必《かなら》ずよくして
くださると
どんなことが
あっても
神《かみ》さまが信次郎君《しんじろうくん》に
必《かなら》ずよい道《みち》を
用意《ようい》しておいて
くださると——……
……………
大久保君《おおくぼくん》……
すっ……
そうだ! もう一度《いちど》
おいのりしよう
きっと神《かみ》さまは
こたえてくださる
から……

天《てん》の父《ちち》なる神《かみ》さま……
どうか——……
…………
…………
ぎゅっ…
……なんで
でも
だんだん……
どうしたの…?
こっち
みたく…
してみたさ…
おいのり…
……神さまを信じることなんて……
……できねぇよ……

そういうことね……
何《なに》かようすがおかしいとは思《おも》っていたけど……
おばあちゃん…
あのっ…これは…その…
すっ
とにかくおうちに連絡《れんらく》しましょう
…いいわね？
…………
はい……
ドクン
ぐっ…
ドクン
父《とう》さん……
母《かあ》さん……
ドクン
ドクン
ドクン
ピッ
あっ……
ドクッ
………

母《かあ》さっ……
ピーーッ
……ただいま留守《るす》にしております
ご用《よう》のある方《かた》は
…………
……
ピッ
…どうしたの？
……留守《るす》…
だった……
そうだ いるわけねぇんだ
二人《ふたり》とも今日《きょう》仕事《しごと》だから
ズキ
そんなっ…
――そうだ 何《なん》で忘《わす》れてたんだ
あいつらがオレのことをさがしているわけないんだ……
…オレはいつも一人《ひとり》だった……
家《いえ》のどこにいたって
休《やす》みの日《ひ》だって さみしい夜《よる》だって……
そう オレはいつも一人《ひとり》――
……
…………
大地君《だいちくん》
わるいことは言《い》わないわ
とりあえず今《いま》は家《いえ》に帰《かえ》った方《ほう》がいいと思《おも》うの
留守電《るすでん》にメッセージを入《い》れておいたから
家《いえ》の鍵《かぎ》は持《も》ってる？
…どうして……

…どうして……
神《かみ》さまは オレの気持《きも》ちには こたえてくれないんだ…！
オレ…
オレ どうすれば いいんだよ!!
…オレ…！
ダッ
大地君《だいちくん》!!
大地君《だいちくん》!!
待《ま》って 大地君《だいちくん》!!
ええ!? 大地《だいち》が いなくなった!?
うん…
何《なに》それ 大変《たいへん》じゃん！ 早く探しに 行こーぜ！
わあ
オレあっち 見《み》てくる！
ぼくも行《い》く！
わあ
わたしは こっちー
………
ほら恵《めぐみ》、行《い》こ 恵《めぐみ》！
………
たっ…

あいこちゃん
……どうしよう…
もしこのまま大久保君《おおくぼくん》が行方不明《ゆくえふめい》になっちゃったら…
見《み》つからなかったら…
わたし大久保君《おおくぼくん》のこと知《し》ってたのっ…
…なのに…
恵《めぐみ》…!
パサッ…
大丈夫《だいじょうぶ》だよ恵《めぐみ》!
ギゅっ…
神《かみ》さまが大地《だいち》を絶対《ぜったい》にそんなことにはさせないから!
あいこちゃん…
ぎゅっ…
わたしたちがそう信《しん》じてあげなきゃ……!
…ね…?
………
うん…
ぐすっ…
そうだね…
神《かみ》さまおねがいします
どうか大久保君《おおくぼくん》が無事《ぶじ》でありますように——…
お前《まえ》…
こんなところで何《なに》してんだ…?

ダッ
………っ
ちょっ……
おい
待《ま》てよ!
何《なん》で
泣《な》いてんだよ!
わけくらい
話《はな》してくれたって
いいじゃんか!
ザザザザ
てめーには
かんけーねぇ!!
!?
待《ま》てよ
そっちは
危《あぶ》な…
!
ガクッ
どどんっ
おい急《きゅう》に
止《と》まるな
っ……
!?
ガクッ
うわぁ!!

Message ⑰

神《かみ》さまに届《とど》け！

みんなのいのりの巻《まき》

…何《なに》があったかしらないけどさ今《いま》は……お前《まえ》はっ…
お前《まえ》は信《しん》じていけるのかよ神《かみ》さまを…
神《かみ》さまにおいのりして……それでも何度《なんど》も何度《なんど》も裏切《うらぎ》られてもお前《まえ》は……
…オレは信《しん》じる
！
オレはもう一度《いちど》神《かみ》さまを信《しん》じていく！
そんでもって神《かみ》さまにもう一度《いちど》頑張《がんば》っていける力《ちから》をもらうんだ！
つらいことがあったら……それを乗《の》り越《こ》えていけるだけの力《ちから》をもらう！
ぐっ…
オレは…
オレは…

ギゅっ
……っ
オレは決《き》めたんだ!
どんなことがあったって神《かみ》さまが必《かなら》ず助《たす》けてくれるって信《しん》じるって………!!
…………
ぐしっ
へへっ…
大地くーん
大地ー
ほらみんな呼《よ》んでるぜ
ぐいっ
お前《まえ》 何《なに》したんだよ…
………
ポン
オレも……
信《しん》じていけるかな…
大地くーん
神様おねがいしまーす
信《しん》じていけるさ……!

神《かみ》さま――！
大地《だいち》に頑張《がんば》っていける力《ちから》を与《あた》えてください！
大地《だいち》を守《まも》ってあげてください
わあ
わあ
お父《とう》さんとお母《かあ》さんとわかり合《あ》うことができますように
みんな…！
神様おねがいしまーす
……っ
ぐしっ
ダッ
信《しん》じよう
神《かみ》さまを
神《かみ》さまが必《かなら》ずよくしてくださると
――どんなことがあっても
神《かみ》さまが必《かなら》ずよい道《みち》へ導《みちび》いていってくださると――……

大地《だいち》……!
ザッ
……っ
神《かみ》さま～～～～!!
オレと父《とう》さんと母《かあ》さんでもう一度《いちど》笑《わら》っていられる日《ひ》が来《く》るように……
もう一度《いちど》あのころのように笑《わら》っていられる日《ひ》が来《く》るように……!
その日《ひ》まで見守《みまも》っていてください!!
神《かみ》さまおねがいします!!
おねがいします
おねがいします!!
わっ

ザワッ…!!
わあっ!?
ヒュウウウウ…
……
何《なに》 今《いま》の風《かぜ》…
……
ザワ ザワ…
びっくりした——
でもなにかあたたかい風《かぜ》だったね
…ああ……
…神《かみ》さまが返事《へんじ》をしてくれたのかな……
大地君《だいちくん》 先生《せんせい》
…帰《かえ》れるかな?
…はい…
迷惑《めいわく》かけてごめんなさい

ポソ
丸山《まるやま》……
オレさ…
ザッ
ザッ
さっきまで
つらくて不安《ふあん》で
いっぱいで……
なのになんでだろ
今《いま》は……
ぐっ…
なんだか
とても心《こころ》が
あったかいんだ
なぜだかもう
大丈夫《だいじょうぶ》だって……
そう
思《おも》えるんだ…!
…わたしも同《おな》じ
気持《きも》ちだよ
お前《まえ》も?
そっか…
ザッ…
大地《だいち》…!
!
父《とう》さん
母《かあ》さん…!?

Message ⑱
もう一度《いちど》あのころのように……の巻《まき》

……こんな時《とき》に
仕事《しごと》なんて行《い》く
親《おや》がどこにいるの!
捜《さが》したのよ
一晩中《ひとばんじゅう》……
ポタッ
留守電《るすでん》に
ここにいるって
入《はい》ってて……
母《かあ》さん……
よかった
無事《ぶじ》で――……
よかった――……
父《とう》さん……
ごめんなさい……
あの……
大地君《だいちくん》のこと
よろしくお願《ねが》い
しますね
…はい…
ペコッ
お世話《せわ》に
なりました

ザッ
ザッ
ザッ
ザッ
大地《だいち》……
ごめんな
え………
わたしたちずっと
自分《じぶん》たちのことばかりで
あんたのこと
ちっとも考《かんが》えて
やれなかった……
お前《まえ》にたくさん
つらい思《おも》いを
させていたのに……
今回《こんかい》お前《まえ》に
出《で》ていかれるまで
わたしたちはお前《まえ》の
気持《きも》ちに気《き》づいて
やることが
できなかったんだ……
母《かあ》さん……
父《とう》さん……
ぐっ…
なあ…
許《ゆる》して……
くれるか…？
信《しん》じよう
神《かみ》さまを
神《かみ》さまが
必《かなら》ずよくして
くださると

どんなことがあっても神《かみ》さまが必《かなら》ずよい道《みち》へ導《みちび》いていってくださると――……
……あのころと同《おな》じ――……
うん……
神《かみ》さまありがとう――

数日後《すうじつご》
よお
…この前《まえ》は いろいろ 迷惑《めいわく》かけて 悪《わる》かったな
ううん
よかった…… 大久保君《おおくぼくん》も 大久保君《おおくぼくん》の お父《とう》さんもお母《かあ》さんも 元気《げんき》そうで
……………
…………
じゃ オレ そろそろ…
うん
ああ…
…………
丸山《まるやま》! あのさ…
?
ぜっ…
ぜっ…

ホント
ありがとな!
…
…オレさ、あの時《とき》
お前《まえ》に会《あ》って
なかったら今《いま》ごろ
きっとメチャクチャに
なってた……
神《かみ》さまのことを
うらんで
絶望《ぜつぼう》して…
すっ…
お前《まえ》に
会《あ》えて…
よかった…
ぎゅっ…
大久保君《おおくぼくん》…
わたし
おいのりしてる
からね
ぎゅっ…
大久保君《おおくぼくん》の家族《かぞく》が
これからも
ずっと笑顔《えがお》で
いられるようにって…

オレもお前《まえ》が困《こま》った時《とき》は一番《いちばん》においのりしてやるからな!
ポンッ
…うん!
へへっ…
なぁ聞《き》いてくれよ! オレ昨日《きのう》の試合《しあい》でホームラン打《う》っちまったよ!
カキーンッ
しかも逆転ホームラン!!
お、マジかよすげーじゃん!
わーやったねー
神《かみ》さまに気持《きも》ち伝《つた》えるんだ! 教会《きょうかい》の中《なか》に入《はい》ってもいいか?
どうぞどうぞ
じゃあオレ…
なんだよお前《まえ》も遊《あそ》んでこーぜ!
わい
わい
待《ま》って じゃあオレ家《いえ》に連絡《れんらく》しねーと…

Message ⑲

あいこ4歳《さい》、神《かみ》さまとの出会《であ》い　その1の巻《まき》

キャーーーッ 先《せん》パイ カッコイーー♥
キャーー こっち向《む》いたーー
キャーーーッ
ところであいこってさー ちょっと顔《かお》よけりゃ すぐキャーキャー 言《い》ってるけど ホントに好《す》きな人《ひと》って いるの？
キャー
ん〜〜……
キャ キャ
いるよ 大本命《だいほんめい》が！
え!?
ぴくっ
誰《だれ》!? 信次郎君《しんじろうくん》？
ずべっ
なんで信次郎《しんじろう》なのよっ
よく ないよ!!
だって 仲《なか》いいし…
わ ハモった…
やっぱ仲 いいじゃん…

じゃあ教会《きょうかい》に来《き》てるっていうかっこいい先生《せんせい》？
んーゆたか先生《せんせい》は2番目《ばんめ》くらいかな………
ったくよー
あそれともあの5年生《ねんせい》？
大地ってん！
あー、ムリムリ！大地《だいち》は恵《めぐみ》にゾッコンだもん！
けらけら
恵《めぐみ》は全然《ぜんぜん》気《き》づいてないみたいだけど！
え!?
ガンッ
えーそーなんだー！
て〜〜め〜〜え〜〜〜
何勝手なこと言ってやがるっ
しかもでけぇ声で
あ、いたのごめん
でもホントのことでしょ？
ふざけっ…
平気《へいき》だよこんくらい…
大久保君《おおくぼくん》おでこ大丈夫《だいじょうぶ》？
たんこぶ、いたそう…
あ、ああ…
ひそひそ…
ゆーホントなんだー
じーーーっ
保健室行く？
ハッ
い、行《い》くぞ丸山《まるやま》！
うん？
ダッシュ！
キャーッ逃げたー!!
手ぇつないでるー♡♡♡

あいこのやろー
覚えてろよっ
大久保君、顔まっ赤…
わたしの一番《いちばん》
好《す》きな人《ひと》——……
あははは
おしあわせに!
その人《ひと》は
わたしのことを
世界《せかい》で一番《いちばん》好《す》きで
いてくれて
誰《だれ》よりも
理解《りかい》してくれていて
さみしい時《とき》でも
いつもいっしょに
いてくれる人《ひと》——……
そんな人《ひと》
いるのかって?
ちゃんといるよ♥
わたしにも
みんなにも——……
あゆみ野公園
うわああ
あん!!
ほらまた泣《な》いたー
いじけ虫《むし》ー
きったねー
うんこ踏《ふ》んでる
ぞーー
くっせー
消毒《しょうどく》だ
消毒《しょうどく》だー
ザバーッ
こらぁ
あんたらぁ!!
うわっ
あいこだ!
なんだよお前《まえ》
こいつのこと
かばうのかよー
お前《まえ》も
砂《すな》かけられ
てーのかー?
ザッ…
ぺっ
ぺっ
みんなで
よってたかって……
ざけん
なよっ
徳永《とくなが》あいこ
4さい

ガーンッ
一人《ひとり》の子《こ》をいじめてんじゃないよ!!
うわあああっ
いたいよぉ～
のぼる!
わかったか!これがこの子《こ》のいたみだ!
お前《まえ》よくも～～
やっちまえ～～～!
フンッ
ギャー
おらあっ
ギャー
ボロッ
ロッロ
どうだ思い知ったか!
キャーーーッ
のぼるちゃーんっ
わーんママー!!
大丈夫《だいじょうぶ》のぼるちゃん!?
この子《こ》にやられたの―――!?
なっ
また あなたねっ
なんて乱暴《らんぼう》な子《こ》なのっ
いたいよー

ちがっ……こいつらはこの子《こ》をいじめて…
うわああんっ
かわいそうにどこたたかれたのー？
ほらあんたもいつまでも泣《な》いてないでなんとか言《い》いなさいよっ
お母《かあ》さん……
わああんっ
あいこ！
おろおろ…
ホントひどい子《こ》ねー
うちの子《こ》が何《なに》したっていうのよー
………
お母《かあ》さんは…
おーよしよし
お母《かあ》さんは信《しん》じてくれるよね……？
あいこはわるくないって……
たたっ
あいこは…
あやまりなさい!!
びくっ
お母《かあ》さ……
うそつくんじゃありません!!
どう見《み》たって…あんたがわるいでしょ!?

お母《かあ》さん…
どうして誰《だれ》も信《しん》じてくれないの…？
あいこはわるくないのに……
またなのー？
あの子《こ》がいるところって
いつもトラブルが
あるわよね――
うちの子《こ》も
泣《な》かされたこと
あるのよ――
わ――
あいこが来《き》た
あっち
行《い》こーぜ！
待《ま》ってよー
わーっ
び〜っだ!!
ダッ
ダダダダ
ダダ
ダダッ
わっ…
ダーッシュ!!
丸山先生《まるやませんせい》
丸山先生《まるやませんせい》
丸山先生《まるやませんせい》〜〜〜〜!!
？
どこですかー？
ちょこ
ちょこ
ちょこ
先生《せんせい》――！
あ、
いた！
…………

ガラッ
先生《せんせい》――!!
わっ!!
ブッ
ゆたか君《くん》どこから入《はい》ってくるの!
ここ2階よ!
へへっ
転校《てんこう》する前《まえ》に先生《せんせい》にこれだけは聞《き》いておいてもらいたくて!
よっ…
聞《き》いてくださいぼく……
ストッ
将来《しょうらい》……牧師《ぼくし》になるって決《き》めたんです!
今のお兄ちゃんだれ…?
ひっく…

Aiko
MEGUMI

Message ⑳
あいこ4歳《さい》、
神《かみ》さまとの出《で》会《あ》い　その2の巻《まき》
ぼく転校先《てんこうさき》の高校《こうこう》を卒業《そつぎょう》したら牧師《ぼくし》になるための神学校《しんがっこう》に通《かよ》います!
そしてまたここに戻《もど》ってきて牧師《ぼくし》として
丸山先生《まるやませんせい》のように人々《ひとびと》に神《かみ》さまのことを教《おし》え広《ひろ》めたいと思《おも》っています!
まあ!!
すばらしいわゆたか君《くん》!よく決心《けっしん》したわね!
ぎゅうっ
うれしいわ〜っ
きっと神《かみ》さまも喜《よろこ》ばれるわ!
ぐええっ
はい!えへへへっ
でもゆたか君《くん》ご両親《りょうしん》はどうなの?
ちゃんとお話《はなし》した?

それは……
……まだ……
……こういうことは
ちゃんとしておかないと
いけないわよ……？
わかってます！
へへへ…
大丈夫《だいじょうぶ》です！
……たぶん……
………
そう！
いつかいっしょに
伝道《でんどう》できる日《ひ》が
来《く》ることを楽《たの》しみに
しているからね！
はい！
じゃーまた
来《き》ます！
ちょっ
ゆたか君《くん》ここ
2階《かい》………
ひょいっ
れっ…
わ〜〜〜っ
忘れてた〜！
ガサー
ガサッ
ボスンッ
もー
何やってるの――!!

てて……
下が木で助かった…
さっきのお兄《にい》ちゃんが降《ふ》ってきた…？
じ〜〜っ
……どうしたの？
…泣《な》いてるの？……
はっ
ぶら〜ん…
な、泣《な》いてなんかないもん…
泣《な》いてなんか…
ごしごしっ
じわっ
………
くすっ
何《なに》かあったの？
話《はな》してごらん
よっと
お兄《にい》ちゃん聞《き》いてあげるよ
ひょいっ
………いい
どうせ話《はな》したってあいこの話《はなし》なんか誰《だれ》も信《しん》じてくれないもん
……一人《ひとり》だけ信《しん》じてくれる方《かた》がいるよ
！
誰《だれ》？
神《かみ》さま
にこっ

神《かみ》さま…？
そう神《かみ》さまは いつだって ぼくたちの味方《みかた》 なんだよ
すとっ
どうして？
神《かみ》さまは あいこちゃんのことが 大好《だいす》きだから
だからあいこちゃんが 困《こま》っている時《とき》は 力《ちから》になってくれるんだよ
あ、いけね バイトの時間《じかん》！
じゃーね そこのおっきい お家《うち》をのぞいて ごらん！
元気出してネ！
…………
やばー 次ちこくしたら クビにされるー
ひょこっ
おっきい お家《うち》……

誰《だれ》だろう…
ドキッ
ビクッ
わっ
わっ
…………
な、何《なに》かご用《よう》ですか?
そ〜っ
ずいっ
わたし、あいこ あんたは…?
ビクッ
おど おど
恵《めぐみ》……
ずずいっ
……恵《めぐみ》ちゃん何《なに》してたの?
えっとね おいのり……してたの
ずり…
おいのり……?
神《かみ》さまとお話《はなし》……してたの……
ちょこん
え、神《かみ》さまとお話《はなし》できるの?
うん……
わーっ 恵《めぐみ》ちゃんすごーい!
すごくないよ こうやって手《て》を合《あ》わせれば誰《だれ》だって神《かみ》さまとお話《はなし》できるんだよ
すとっ
え、ホント?
あいこにもできる?

うん できるよ
いっしょに やってみる？
うん！
天《てん》の父《ちち》なる 神《かみ》さま――……
ぎゅっ…
…………
……みんながあいこのことを 信《しん》じてくれますように……
あいこが わるい子《こ》じゃ ありません ように……
何《なん》であいこちゃん わるい子《こ》なの？
……わるいこと したの？
ブン ブン
あいこはいつも わるいことしてる つもりはないの
ぎゅっ…
でもみんなが あいこのこと わるい子《こ》だって 言《い》うの……
……あいこには よくわからない んだ……
………

大丈夫《だいじょうぶ》だよ
あいこちゃんがいいと思《おも》ってしたことなら神《かみ》さまはちゃんとわかってくれてるよ
おばあちゃんがね神《かみ》さまはうわべじゃなくて人《ひと》の心《こころ》を見《み》るんだって言《い》ってた
だから神《かみ》さまはね誰《だれ》がいい人《ひと》で誰《だれ》がわるい人《ひと》か誰《だれ》が正《ただ》しくて誰《だれ》が間違《まちが》っているのか全部《ぜんぶ》わかってるんだって
……あいこちゃんに何《なに》があったのかはわからないけど
わたしはあいこちゃんはわるい子《こ》じゃないって信《しん》じるよ……
……恵《めぐみ》ちゃん……
あ、あいこちゃん！また来《き》てね！
うんまた来《く》る！
また神《かみ》さまにお話《はなし》しに来《く》るね！

おいでよ！
あゆみ野へ
あんざい
えみ

Message ㉑ あいこのねがい 恵《めぐみ》のいのりの巻《まき》

神《かみ》さま、みんなが恵《めぐみ》ちゃんみたくあいこのことをわかってくれる日《ひ》がきますように……
…アーメン…
ねえねえ
恵《めぐみ》ちゃんはいつも何《なん》ておいのりしているの?
え?
ん―……ひみつ……
カアッ
え――、じゃあ あいこも ひみつー
つまんなーいっ
カアッ
あ…う…
おしえてあげないもんねー
あ、…あのね…
あいこ!
お母《かあ》さん……?

ったく……どこに遊《あそ》びに行《い》っているのかと思《おも》っていたけど……
いつもここに来《き》ていたの!?
あのね、お母《かあ》さん この子《こ》恵《めぐみ》ちゃんって いうの
あいこの お友《とも》だち なんだよ!
ちょこんっ
…あれ?
そろ〜〜っ
こ、こんにちは…
帰《かえ》るわよ あいこ!
ぐいっ
え…?
まあ あいこちゃんの お母《かあ》さんですか?
キッ
いつも恵《めぐみ》が お世話《せわ》になって います
うちの子《こ》を 勝手《かって》に こんなところに つれ込《こ》まないで ください!
変《へん》な影響《えいきょう》 受《う》けたら困《こま》るわ!
あいこちゃん…
恵《めぐみ》ちゃん…
ほら 行《い》くわよ あいこ!
あいこ!

お母さんは信じてくれるよね……?
あいこは悪《わる》くないって……
たたっ
あいこは…
あやまりなさい!!
お母《かあ》さ……
うそつくんじゃありません!!
どう見《み》たって…あんたが悪《わる》いでしょ!?
……っ
いや!!
あいこ…?
きっ
なによ……お母《かあ》さんなんかあいこのことちっともわかってくれないくせに…
あいこのことうそつきにしたくせに……
なのに恵《めぐみ》ちゃんちのわるぐち言《い》わないで!
恵《めぐみ》ちゃんの、みんなのわるぐち言《い》わないで!
お母《かあ》さんなんか大嫌《だいきら》い!!
お母《かあ》さんなんか…
お母《かあ》さんなんか…

あいこ……!
お母《かあ》さんなんか…
どっかいなく なっちゃえ!!
ぎゅっ…
……っ
ピタッ…
…………
スッ…
…………っ
ダッ
あいこちゃん
あいこちゃーん
あいこちゃん どこ――?
あいこちゃーん
あっ……
カサ…

ささっ…
？
さささささっ
見《み》つけた……
どうしたの あいこちゃん
…だって あいこのお母《かあ》さん 恵《めぐみ》ちゃんたちのわるぐち 言《い》ったんだよ？
？
あいこのこと 嫌《きら》いになっちゃった よね……
嫌《きら》いになんか ならないよ
あの… あいこちゃんの お母《かあ》さん…
はい？
あいこちゃんのこと おこらないで あげてくださいね
実《じつ》は恵《めぐみ》は 小《ちい》さなころから 体《からだ》が弱《よわ》くて あまり外《そと》で遊《あそ》ぶことが できなかったんです
わー
わー

そのせいで なかなか友《とも》だちが できなくて――……
…わたしね 神《かみ》さまにずっとずっと おいのりしてたの
お友《とも》だちが できますようにって
そしたらあの日《ひ》 あいこちゃんが 来《き》たの
ぎゅっ
神《かみ》さまがね わたしのおねがい 聞《き》いてくれたんだよ
………… 恵《めぐみ》ちゃん
わたしも 恵《めぐみ》ちゃんに会《あ》えて うれしかった……
すごいね 神《かみ》さまが わたしたちを ひきあわせて くれたのかな…
うん、きっと そうだよ

神《かみ》さまって すごいね
じゃあ もういっこ おねがいきいて もらおっか
あいこちゃんと お母《かあ》さんが 仲直《なかなお》りできます ように——…
あいこ!
お母《かあ》さん…
スッ…
ビクッ
あいこ ごめんね
ギゅっ…
またここに 遊《あそ》びに来《き》て いいわよ
ホント…?
ええ、恵《めぐみ》ちゃん これからも あいこをよろしくね
はい!

おいでよ!
あゆみのへ

Message ㉒

あいこと恵《めぐみ》の診察室《しんさつしつ》の巻《まき》

バッ
恵《めぐみ》ちゃーん友《とも》だちつれて来《き》たよー！
わ〜っ
え、お友《とも》だち？
なんだよお前《まえ》ーー！
いきなり何すんだよ！
どさっ
ほら座《すわ》れ！
つべこべ言わずに！
お友《とも》だち…
じっ……
わたしはあいこ！
あんたは？
し、信次郎……
パアッ
ねぇ何《なに》して遊《あそ》ぶ?!
何《なに》して遊《あそ》ぶ?!
ひっぱりっこ！
わわわっ
じゃあねーおいしゃさんごっこ！
わーいおいしゃさん〜
ぎゅうぎゅう
はい じゃーーぬいでくださーい
わ なんでだよー
ぐいっ
だってぬがないとしんだんできないでしょー
おらあっ
ほら さっさとぬげ！
ギャーッ
パンツまで下ろすな〜っ
男だろっ
おとなしくしてくれないとおちゅうしゃしちゃいますよ〜
ギャアギャア
ワアワア
ザッ
ギャー
ワー
ガラッ
ずかずかずかずか

ど
かっ
…どうしたの ゆたか君《くん》 その荷物《にもつ》…
丸山先生《まるやませんせい》 おねがいします! ぼくを今日《きょう》から ここに住《す》まわせて ください!
プンスカ
はい?
もう あんな家《いえ》には いられません!
プン プン
もうすぐ 引《ひ》っ越《こ》しだけど
ぼくだけ このあゆみ野《の》に のこります!
むん!
フウ
ったく…… 何《なに》があったの…
みんなー お友《とも》だちが 来《き》たわよー いっぱい 遊《あそ》んでもらい なさーーーい!
え!?
ぴくっ
え、お友だち!?
わ〜っ!
お友だちーー!
わ〜〜〜っ
どすんっ!
お兄ちゃん こっち来てー
ぼく…今《いま》 そんな気分《きぶん》 じゃ……
はい じゃあ ぬいで くださーい!
ぐいっ
へっ…?
ギャー
わわっ 何《なに》すんのっ
だって ぬがないと しんだん できないで しょー
まってそれ パンツ……っ
ギャー
ギャーッ

へくしゅっ
ぶるぶるっ
……
はーい、では どこか いたいところは ありますか?
んーー、べつに ありません…
わー おかし 入《はい》ってるー
テスト45点…
ポテトチップ
ゴツゴツ…
わっ 荷物《にもつ》勝手《かって》に見《み》ないでっ…
これ なあに?
ボロ…
きたなー!
あ、それは…
悩《なや》んだ時《とき》や 困《こま》った時《とき》は 聖書《せいしょ》をひらいて みてごらん
こんなもの ばかり読《よ》んでっ…
神《かみ》さまだか なんだか知《し》らんが くだらん!
バッ
やめろっ…… それはじいちゃんのっ……!
フンッ
こんなものばかり 読《よ》んでるから よけいな知識《ちしき》が 身《み》につくんだ!
何《なに》が牧師《ぼくし》に なるだ!
わたしは許《ゆる》さん からな!
バシイッ

…………
どうしたの お兄《にい》ちゃん
泣《な》いてるの…？
どこか いたいの…？
パッパッ
大丈夫《だいじょうぶ》だよ…
…いたいところは あるけれど……
おいしゃさんには 治《なお》せないところ なんだ……
ぐっ…
大丈夫《だいじょうぶ》です！
神《かみ》さまに 治《なお》せないものは ありません！
くすっ…
そっか…
そうだね…

ねぇ あいこちゃん あれやろっか!
うん あれやろう!
?
せーの、
神《かみ》さま神《かみ》さま どこですか
ぐるぐる
お外《そと》もおうちも おトイレも どこを探《さが》しても 見《み》つからない
いたらお返事《へんじ》 くださいな
ぐるぐる
? こんな賛美歌《さんびか》 あったっけ?
わたしと あいこちゃんで つくったの!
ね!
ねー!
くね くね くね くね くね くね
2番《ばん》
神《かみ》さま神《かみ》さま どこですか
はいはい 聞《き》こえて いますわよ
ふりふり
どこからともなく 声《こえ》がした
ぷりぷり
くるりん
声《こえ》は ここから 聞《き》こえたよ
くるりっ
3番《ばん》
神《かみ》さま神《かみ》さま こんにちは
トントン
ポンッ
わたしは 何《なん》でも 知《し》ってるよ
ぷし～っ
へんなかお!
あなたのことも みんなのこと も～～
びろ～ん…

トンッ
全部《ぜんぶ》わたしにまかせなさい!
キャッキ
キャッ
ありがとうございました~~っ♡
パチッ
パチパチ
や…
くすっ
ありがとなんか元気《げんき》出《で》てきた…
そっ…
しっ…
?
神《かみ》さま神《かみ》さまお兄《にい》ちゃんはどうすればいいですか?
ぴったり…
うんうんなるほどわかりました!
ふむふむ
にか~っ
では今《いま》からみんなでお兄《にい》ちゃんのお父《とう》さんに会《あ》いに行《い》きましょう!
わ~いっ!!
ええ!?
なんで!?
ちょっ…それはちょっと…っ待《ま》ってホントにっ…
やばいって…
大丈夫《だいじょうぶ》です神《かみ》さまがいっしょですね、あいこちゃん!
うん!
よーーしお兄《にい》ちゃんちにレッツゴー!!
ええー!!
オレも行《い》くのー?
当《あ》たり前《まえ》だろっ
わあわあ
……ねぇホントに神《かみ》さまがそう言《い》ったの?
うたがうんですか?
キラン

Message ㉓
ゆたかとお父《とう》さんの巻《まき》

ゆたかの家
ズズ…
フーッ
ガチャッ
バタンッ
……
ゆーい
おじゃましまーーす!!
ド
な、なんだなんだ!?
わ〜っ!!
ドタドタドタッ
わ〜〜っ
キャ〜〜ッ

ゆたか……！
ザッ…
なんだお前《まえ》
家出《いえで》したんじゃ
なかったのか？
仕方《しかた》ないだろ！
だって…神《かみ》さまが
帰《かえ》れって言《い》ったん
だから……
？
何《なん》だ
それは
まあいい
帰《かえ》ってきたって
ことは
！
牧師《ぼくし》なんて
くだらんものに
なるという夢《ゆめ》は
あきらめたって
ことだな!?
くだらないって
何《なん》だ!!
びくっ
シ……ン…
くだらないから
くだらないと
言《い》っているん
だ！
父《とう》さんは
何《なに》もわかって
ない！
じゃあお前《まえ》に
何《なに》がわかると
いうんだ！
ギャア
ギャア

神《かみ》だか何《なん》だか知《し》らんが
夢《ゆめ》ばかり見《み》て……
そんなもののために
お前《まえ》は人生《じんせい》を捨《す》てる
つもりか!?
ああ、ぼくは神《かみ》さまのために……
神《かみ》さまのことを人々《ひとびと》に教《おし》え広《ひろ》めるために生《い》きていくんだ!!
ハアッ
……話《はなし》にならん……
おじさん お兄《にい》ちゃんのこと 嫌《きら》いなの?
ちょこんっ
……
嫌《きら》いとか そんなんじゃ ないよ
じゃあ 好《す》き?
………
じっ…

……ああ
好《す》きだよ
好《す》きだからこそ心配《しんぱい》なんだよ
まちがった道《みち》ってなあに？
あいつはまだ16歳《さい》だ
まちがった道《みち》に進《すす》んでほしくないんだ
それは……
うっ…
困ったなぁ…
にこっ
お兄《にい》ちゃんは大丈夫《だいじょうぶ》だよ
神《かみ》さまがついてるもん
神《かみ》さまがお兄《にい》ちゃんをまちがった道《みち》っていうところにはつれて行《い》かないと思《おも》うんだ
ね！
うん
おばあちゃんがね
神《かみ》さまはみんなにちゃんと道《みち》っていうのを用意《ようい》してくれていて
ちゃんとそこを歩《ある》いていけるように手伝《てつだ》ってくれるんだって言《い》ってた

神《かみ》さまも
おじさんといっしょで
お兄《にい》ちゃんのことが
大好《だいす》きなんだよ
だから
心配《しんぱい》しなくても
大丈夫《だいじょうぶ》だよ
おじさん！
ねーーっ
にかっ
ほらもう
遅《おそ》いから
帰《かえ》りなさい！
ゆたか
送《おく》ってって
やれ！
ずり
ずりっ
神《かみ》さまなんて
だいたいそんな目《め》に見《み》えない
わけのわからないもの……
…いろいろ
ありがとね
でもね
あの父《とう》さんに
神《かみ》さまのことを
わかってもらう
なんて
ムリなんだよ

そんなこと ありません！
神《かみ》さまに できないことは ありません！
でも……
そうだよ お兄《にい》ちゃん！
お兄《にい》ちゃんのお父《とう》さんに 神《かみ》さまのこと わかってもらえないで これからどんな人《ひと》たちに 神《かみ》さまのこと教《おし》えるってのよ！
こんなんで 恵《めぐみ》のおばあちゃん みたくなるなんて お兄《にい》ちゃんに できっこないよ！
………
ずっ…
ムリだよ ムリー！
父《とう》さん… 話《はなし》があるんだ
パタン
何《なん》だ
また神《かみ》さまってのを 信《しん》じろって話《はなし》か？ わたしは そんなもの信《しん》じん
聞《き》く耳《みみ》もたん くだらん
…そうじゃ なくて…
そこまで 言うか…
ぼくが 信《しん》じているものを 一度《いちど》父《とう》さんに見《み》て もらいたいんだ

それくらい いいだろう…?
悩《なや》んだ時《とき》や 困《こま》った時《とき》は
聖書《せいしょ》をひらいて みてごらん
そのひとつひとつの ことばは わしらを元気《げんき》に してくれるから ……
………
いいだろう どうせ見《み》たって 考《かん》えは変《か》わらん だろうがな
父《とう》さん…!
わー、 お兄《にい》ちゃんの お父《とう》さん 教会《きょうかい》来《く》るんだー!
いつー?
あのね 今度《こんど》の クリスマス
だからね、クリスマスに みんなでイエスさまの 降誕劇《こうたんげき》をやって 父《とう》さんに見《み》てもらおうって 思《おも》うんだ
どう?
いいよ わたしやる!
わたし もー!
もしかして オレも?
ったり前《まえ》 だろっ
よーし、 お兄《にい》ちゃんのために 頑張《がんば》るぞー!
おー!!
みんな ありがとー
オレも なの?
ほら やるよっ

おいでよ!
あゆみ野へ

メリークリスマス！世界中《せかいじゅう》の子《こ》どもたちに幸《しあわ》せがとどきますように！
Message ㉔
クリスマスのきせきの巻《まき》
わ――っおじさんこんばんは――！
ようこそお父《とう》さん
フン
来《き》て来《き》てこっちこっち！
キャッ
キャッ
では次《つぎ》は子《こ》どもたちでイエスさまの降誕劇《こうたんげき》をやりまーす
わ～っ
パチパチパチッ
ヨセフさん好《す》きです
ぼ、ぼくもマリヤのことが好《す》きだよ
マリヤさんあなたはもうすぐ男《おとこ》の子《こ》を産《う》みます
その子《こ》は大《おお》きくなったら世界中《せかいじゅう》の人々《ひとびと》の救《すく》い主《ぬし》となるでしょう～～
マ、マリヤさんベツレヘムに行《い》きましょう
はいヨセフさん
パッカ
な、長旅《ながたび》だけど頑張《がんば》りましょう
はいヨセフさん
パッカ

どうぞ、うちに
おとまりくださいな
家畜《かちく》小屋《ごや》しかご用意《ようい》
できませんが
まあ
ありがとう
ご親切《しんせつ》な
宿屋《やどや》さん
パチッ
どんどん
頑張《がんば》れ 頑張《がんば》れ
マリヤさん
しゃかしゃか
もうすぐ
もうすぐ
生《う》まれるよ
みんなが
みんなが
待《ま》っていた
へいっ
ぱんぱかぱんっ
ぼくらの
ぼくらの
救《すく》い主《ぬし》
わ!
バブ——!!
イエスさま
この世に生《う》まれて
きてくれて
ありがとう〜〜
イエスさま
を信《しん》じて
いるから
ぼくたちは
ま、
貧《まず》しくても
病気《びょうき》でも…
毎日神《まいにちかみ》さまに
感謝《かんしゃ》して
乗《の》り越《こ》えて
いけるんです♥

わーっ
パチパチパチパチッ…
ロバ
………
なんだ。ゆたかにいつも耳《みみ》にたこができるくらい聞《き》かされていることじゃないか……
フン、くだらん……
つらいのに明《あか》るくしていられる? 金《かね》がなくても幸《しあわ》せでいられる……?
そんなことあるわけない
ありがとうございました~~~!
パチパチ
パチッ
ザク
…あるわけ……
ザク
まあいいんですかこんなに…受《う》け取《と》れませんわ
いいんですぜひ教会《きょうかい》のために使《つか》ってください
ボロ…
あの夫婦《ふうふ》……見《み》るからにそんなに裕福《ゆうふく》でもないだろうに……
わたしたちは神《かみ》さまのおかげでここまで希望《きぼう》をもって生《い》きてくることができました
これはわたしたちのせめてもの感謝《かんしゃ》の気持《きも》ちなんです
かんじゃけんきん
………
ドーンッ
っと失礼《しつれい》
大丈夫《だいじょうぶ》? お母《かあ》さんだめよ気《き》をつけなきゃ
ごめんごめん大丈夫《だいじょうぶ》だよ
ペコッ
すいませんねぇ

ペコ…
いえ、こちらこそ 仲《なか》がよろしいん ですねぇ いいおよめさんだ
あら わたしたち 親子《おやこ》ですよ
あ、失礼《しつれい》…… あまり似《に》て いないなと…
よく 言《い》われます
わたしは養女《ようじょ》で 本当《ほんとう》の子《こ》どもでは ありませんから
でも 血《ち》のつながりなんて 関係《かんけい》ありません
わたしたちは神《かみ》さまによって イエスさまによって つながっているんです
にこっ
……
ここにいる 人《ひと》たちは 本当《ほんとう》に――……
本当《ほんとう》の親子《おやこ》以上《いじょう》だ……
おじさーん! おいしゃさん ごっこしよ!
ポンポン
どこか わるいところは ありますか?
フゥ
……わるい ところ…か…
おじさんは わるいところ だらけなのかな…
?

おじさんはね、今《いま》まで人《ひと》に認《みと》められることがすべてだと思《おも》ってきたんだ
生《い》きていくために必要《ひつよう》なものは、立派《りっぱ》な学歴《がくれき》出世《しゅっせ》に地位《ちい》に金《かね》に名誉《めいよ》……
……でも何《なに》かそんなものここに来《き》たらむなしく感《かん》じてきたなぁ……
？
………
………
うーん…
！
ポンッ
わかった！神《かみ》さまがおじさんの中《なか》に入《はい》っちゃったんだ！
ポンッ
？
わたしのなかに!?
はい ここにいますよ！
さすりさすり
では目《め》を閉《と》じてみてください！
？
深呼吸《しんこきゅう》してください！
すう…
神《かみ》さまが見《み》えてきませんか！
にかっ
神《かみ》さまの声《こえ》が聞《き》こえてきませんか！
………

う――ん……
おじさん よくわからない なぁ…
?
?
どさっ
じゃあまだ 入《はい》ったばかりで なじんでないんですね!
ではこれを 毎日《まいにち》読《よ》んで ください!
あ、じいちゃんのせいしょ…
にか～～っ
きっと 聞《き》こえるように なりますよ!
では お大事《だいじ》にー
はい、次《つぎ》 信次郎《しんじろう》君《くん》ねー
うわっ またオレ かよっ
ゆたか…… これがお前《まえ》の 信《しん》じているものか?
そうだよ 父《とう》さん
ここに来《き》ている人《ひと》たち みんな、悩《なや》みや不安《ふあん》や つらい事《こと》をたくさん かかえてる
でもここに来《く》ると 神《かみ》さまが 力《ちから》を与《あた》えてくれる
ポツ
お前《まえ》の言《い》っていた とおりだな……
?
つらくても 幸《しあわ》せそうな顔《かお》をして…
皆《みな》おだやかで…

これがおやじの信《しん》じていたもの…か……
お前《まえ》の好《す》きにしなさい ただし大学《だいがく》には行《い》ってもらうからな！
！
うん！
みんなありがとう！
ぐえええぐるじ〜〜っ
ぎゅう〜っ
よかったねお兄《にい》ちゃん！
わーいっ
でもお兄《にい》ちゃんとはこれでお別《わか》れなんだね
うん
でもぼくはまたここに戻《もど》ってくるからその時《とき》までみんな元気《げんき》でね！
うん！

Message ㉕ 信次郎《しんじろう》の試練《しれん》の巻《まき》

イエスさまがね いつも恵《めぐみ》のこと こうやって守《まも》っていて くれているのよ
だから 大丈夫《だいじょうぶ》なの
ギュッ
へーえ そっか
じゃあ わたし いらない!
おばあちゃん大好きー♡
……
イエスさま…
母《かあ》ちゃん 母《かあ》ちゃん
信次郎のママ
はい
パシッ
まあ どうしたの?
オレたちには イエスさまっていう おっきいおっきい おまもりがついてるんだって
だからケガしても 病気《びょうき》しても 大丈夫《だいじょうぶ》なんだって
にかっ
だから オレ これなくても 大丈夫《だいじょうぶ》だよ

6年後《ねんご》——……
オーレーは信次郎〜〜
野球に人生かけてるぜ〜
イエイッ
将来は〜メジャーで4番打者〜〜
ルンッ
小《こ》林《ばやし》信《しん》次《じ》郎《ろう》
小《しょう》4(10歳《さい》)
さーあ今日《きょう》は大事《だいじ》な試合《しあい》だ!
はりきってくぞ——!!
お〜!!
ゆゆ
ん?
ザワ
ザワ‥
どーした1年生《ねんせい》?
あ、あのね ことりが巣《す》から おっこちちゃって…
お前らそんなんじゃムリだよー
ぐら
ぐら
よっ
ピー
ピー
ピー
ピー
かえして あげたいけど わたしたちじゃ とても背《せ》が とどかないの…
うわっ たっけ—— あんなとこ かよっ
………
よーーし

お兄《にい》ちゃん気《き》をつけてねーー
おーうっ
ピーピー
ほれっ
わーっお兄《にい》ちゃんありがとー
イエイッ
試合会場《しあいかいじょう》には今《いま》から走《はし》ってけば間《ま》に合《あ》うだろ
んしょ
バキッ
わっ…お兄《にい》ちゃんあぶなっ
わっ…
バキバキバキッ
お兄《にい》ちゃん!
大丈夫《だいじょうぶ》お兄《にい》ちゃん!?

あゆみ野
整形外科
だからっ
大丈夫《だいじょうぶ》だっ
つってんだろーーー！
ギャー
ギャー
はなせよ！ 今日《きょう》
大事《だいじ》な試合《しあい》なんだ!!
もう
はじまっち
まってる!!
先生《せんせい》この子《こ》
どうにかして
ください
はなせ
このー！
まったく
元気《げんき》な患者《かんじゃ》
じゃのう…
ほら
じっとしてっ
ジタ
バタ
あら信次郎君《しんじろうくん》
じゃない
どうしたの？
ギャー
ギャー
あ、
お知《し》り合《あ》い
ですか？
ようつう
つきゆび
信次郎君《しんじろうくん》
ポスッ
ほら信次郎君《しんじろうくん》
おとなしく
なさいっ
うっせーなっ
はなせっ
つってんだろ
くそババアッ…
くそババア…？
あっ…
この子《こ》は
わたしたちで
ひきとり
ますので
丸山先生
ようつうなのに
大丈夫？
ひょいっ
わわわっ
どーも
すいません
もういいかげんになさい
そんなにあばれると
きずにひびくわよ？
まったく…

……
ギゅっ…
…………わかってる…
わかってるけど でも…
今日《きょう》はレギュラーの かかった大事《だいじ》な試合《しあい》 だったんだ……
……大事《だいじ》な……
……なぁこれ いつ治《なお》るのかなぁ
少《すこ》しかかる かもね
一週間《いっしゅうかん》 くらい…？
もうちょっと かかるよ
ちゃんと 治《なお》るのかなぁ…
大丈夫《だいじょうぶ》 治《なお》るよ
神《かみ》さまがちゃんと 治《なお》してくれる
…………
じゃあさ オレ、野球《やきゅう》 またできるように なるのかなぁ
ポロッ…
コロッ。。
1か月後《げつご》――
ワー
ワー
ワー
も
あそこ… オレの ポジション…

大丈夫《だいじょうぶ》
神《かみ》さまが
ちゃんと治《なお》して
くれる
なあ、それって
いつなんだよ……
オレもう十分《じゅうぶん》
待《ま》ったぜ……?
……みんな
どんどん上手《うま》く
なってくのに……
……どんどんオレは
とりのこされていく──……
ワー
ワー
……なんだよ……
こんなの
いやだ……
オレどうすれば
いいんだよ……
信次郎君《しんじろうくん》
今日《きょう》も来《こ》ないね
信次郎《しんじろう》──……

Message ㉖
あいこのビンタの巻《まき》
てくてく…
信次郎君《しんじろうくん》
大丈夫《だいじょうぶ》かな…
あんなの
ちょっとケガして
野球《やきゅう》できなくなって
すねてるだけよ
大丈夫《だいじょうぶ》
すぐ教会《きょうかい》に
戻《もど》ってくるって
ピンポーン
信次郎《しんじろう》──!
おみまいに
来《き》たよ──!
?
って
あれ?
シーン…
コツン

どよ〜〜ん…
ゴロ。。。
まっしろ。
ちょっ……
あんた…
ああ、あいこに恵《めぐみ》にみのるか……
何《なに》……?
ゴロ…
くらい…
何《なに》って…あんた教《きょう》会《かい》に来《こ》ないからみんな心配《しんぱい》してるよ!
来《き》なよ今度《こんど》イースターがあってさ……
いい……オレ行《い》かない…
何《なに》言《い》ってんのよ小《ちい》さいころからずっと出《で》てるじゃない。今年《ことし》も…
だからっ…
オレもう教《きょう》会《かい》行《い》かねぇっつってんだろっ……!
ズキッ
……っ
ガクッ
ちょっと大丈夫《だいじょうぶ》?
……っ

ぎゅっ…
…動《うご》かねぇんだ うでが…
思《おも》うように 動《うご》いてくれ ねぇんだ
ポロッ…
…オレ、 もしこのまま 野球《やきゅう》ができなく なっちまったら…
もしこのまま ケガが治《なお》らなかったら オレ………
どうすれば… いいんだよ…
そうだ、 みんなでおいのり しようよ！
うん、そうだよ 神《かみ》さまにケガを 早《はや》く治《なお》してくださいって おいのりしよっ！
にこっ…
そしたら 大丈夫《だいじょうぶ》だよ！
そんな ことして ケガがよく なんのかよ… 早《はや》く治《なお》んの かよ…！
信《しん》ちゃん…？

神《かみ》さまなんてっ……
神《かみ》さまがいたらっ……!!
そうだ
神《かみ》さまがいたら
こんなことになって
なかったはずだ!!
でも
いねえじゃねえか
どこにもっ……
ちょっと
信次郎《しんじろう》!
ゆたかも
丸山先生《まるやませんせい》もうそ
ついてたんだ!
オレたちきっと
だまされてたんだ!
みんな
だまして
たんだ!
ホントは…
ホントは…
神《かみ》さまなんて
いないのに!!

パチーーン
ドターンッ…
………っ
信《しん》ちゃん！
わわわっ
いいわよ…
いいわよ
そんなんだったら
教会《きょうかい》に来《こ》なくて
いいよ！
キッ
あんたの
好《す》きにしな!!

あいこちゃん…
…でもあんたが神《かみ》さま信《しん》じないっていうんなら、わたしが代《か》わりに信《しん》じるから!
キッ
わたしがあんたのケガはちゃんと神《かみ》さまが治《なお》してくれるって信《しん》じるから!
わたしがあんたの代《か》わりにいのって
わたしがあんたの代《か》わりに礼拝《れいはい》に出《で》る!!
あいこちゃん…
なっ…
なんか文句《もんく》あんの!?
ああ?
があっ!!
何《なに》をしようとわたしの勝手《かって》でしょ!!
ハアッ…

行《い》こ、恵《めぐみ》！みのる！
え、でも…
パッ
行《い》くよ!!
う、うん…
ガチャ バタンッ…
ポカン
………
なんだよ メチャクチャな やつ……
あいこちゃん 信《しん》ちゃんは 大丈夫《だいじょうぶ》だよ
うん……
わたしも信《しん》じるよ 神《かみ》さまがちゃんと 信《しん》ちゃんのケガ 治《なお》してくれるって…
ぼくも！
………っ
うん………
ポロ…
ポロ ポロ
――神《かみ》さまおねがいします 信次郎《しんじろう》のこと助《たす》けて あげてください……
神《かみ》さま…！

Message ㉗
本当《ほんとう》の神《かみ》さまは…？ の巻《まき》
キーンコーン
カーン
ぼ〜〜っ…
よお信次郎《しんじろう》！
大丈夫《だいじょうぶ》かよ、最近《さいきん》
元気《げんき》ないじゃん！
わあっ!!
ぐりぐりっ
何《なん》だよ
一休《いっきゅう》かよ…
本名《ほんみょう》＝坂本《さかもと》 翼《つばさ》
あだ名《な》＝一休《いっきゅう》
信次郎《しんじろう》のクラスメイト
あゆみ野神社《のじんじゃ》の息子《むすこ》
何《なん》だとは何《なん》だよ
オレ心配《しんぱい》してんだぞ
ぐいっ
いて
てて っ

だあっ
やめろよ さわんじゃ ねーよ!!
そうだ オレんとこの 神社《じんじゃ》に 来《き》てみねぇ?
神社《じんじゃ》……?
そうだ、オレんとこの 神《かみ》さまにいのれば ケガなんてすぐに よくなるぞ!
なにせ 家内安全《かないあんぜん》(＊1) 無病息災《むびょうそくさい》(＊2)の 神《かみ》さまだからな!
神《かみ》さま……
じゃら
じゃらっ
コロ コロンッ
パン
パンッ
神《かみ》さま どうかどうか 信次郎《しんじろう》のケガを 治《なお》してください!
このとーり!
ほらお前《まえ》も やれよ!
…………
じゃら

＊1家内安全《かないあんぜん》…家族《かぞく》が安全《あんぜん》なこと
＊2無病息災《むびょうそくさい》…病気《びょうき》をせず健康《けんこう》であること

…神《かみ》さま…
えっと、オレのケガが早《はや》くよくなりますように…
…アーメン…
“アーメン”って何《なん》だ？
ソーメン？ラーメンの仲間？
あ、いや…
思わずついくせで…
あ、ちょっと待《ま》ってろよ！
ほれ、これやるよ！
御守
じゃん！
これでお前《まえ》ももう大丈夫《だいじょうぶ》だぞ！
元気出たか？
…………
おまもり…
これをいつも持《も》ってなさい
あんたはいつもとびまわってケガばっかしてるから…
これを持《も》っていれば神《かみ》さまがちゃんと守《まも》ってくれるから…
神《かみ》さまが……
…なぁ神《かみ》さまってどこにいるんだ……？
へ？
そんなの決《き》まってるだろこん中《なか》だよ、こん中《なか》！
こん中《なか》に神《かみ》さまが宿《やど》っててオレたちのこといつも守《まも》ってくれているんだ！

御守
じいっ‥
…なんかちがう…
オレの知《し》ってる神《かみ》さまは…
神《かみ》さまはぼくたちのことをとても愛《あい》してくれているんだよ
悲《かな》しい時《とき》はいっしょに悲《かな》しんでくれてうれしい時《とき》はいっしょに喜《よろこ》んでくださるんだ
信次郎君《しんじろうくん》のことを誰《だれ》よりも知《し》っているのは神《かみ》さまなんだよ
…オレの知《し》ってる神《かみ》さまは……！
ヒラッ…
これ、みんながおみまいに来《き》た時《とき》の……
手紙《てがみ》…？
ゆたかからだ…
カサ…

信次郎君が悩んで
苦《くる》しんでいる時《とき》に
会《あ》いに行《い》けなくてごめんね
代《か》わりにこの手紙《てがみ》を
あいこちゃんたちにたくします
今《いま》は信次郎君《しんじろうくん》にとって
とてもつらい時《とき》なのかも
しれないね
でもこういう時《とき》にこそ
神《かみ》さまを忘《わす》れないでいて
こういう時《とき》こそ
神《かみ》さまのことばを
ひとつひとつ思《おも》い出《だ》して
神《かみ》さまがぼくらを愛《あい》して
くれているんだってこと
神《かみ》さまはいつもぼくらを守《まも》って
くれているんだってこと…
神《かみ》さまの愛《あい》は
とても大《おお》きくて
とてもあたたかいものだよ
たとえぼくらが忘《わす》れたとしても
神《かみ》さまはぼくらのことを
絶対《ぜったい》に忘《わす》れたりはしない……
そのことを
いつもむねに
おいておいてね
…さいごに
ぼくの大好《だいす》きな
聖書《せいしょ》のことばを
おくります

「神《かみ》は真実《しんじつ》な方《かた》ですから、あなたがたを、耐《た》えられないほどの試練《しれん》に会《あ》わせることはなさいません。
むしろ、耐《た》えられるように、試練《しれん》とともに脱出《だっしゅつ》の道《みち》も備《そな》えてくださいます。」（コリント人《じん》への手紙第一《てがみだいいち》10章《しょう》13節《せつ》）
…ぼくは信次郎君《しんじろうくん》がこのことばのとおり必《かなら》ずこの試練《しれん》を乗《の》り越《こ》えていくことができると信《しん》じていのっています
教会《きょうかい》にはまた元気《げんき》になったらいつでもおいで
神《かみ》さまの恵《めぐ》みと祝福《しゅくふく》が信次郎君《しんじろうくん》の上《うえ》にゆたかにありますように
パタン…
ゆたか…
ぎゅっ
そうだ オレの信《しん》じている神《かみ》さまは袋《ふくろ》の中《なか》に入《はい》っているわけじゃない…
守
ぎゅっ、
オレの信《しん》じている神《かみ》さまは…
いつだってオレといっしょにいてくれているんだ!!
ダダダッ…

信次郎《しんじろう》…？
お
ありがとな 一休《いっきゅう》！
にかっ
オレ、これなくても もう大丈夫《だいじょうぶ》だ！
え だってこれ… オレさ わかったんだ！
神《かみ》さまは いつもオレのこと こうやってだきしめて くれていたんだ！
ぎゅっ…
わっ なんだよ 気色《きしょく》わりー なぁ！
でも、それに オレが気《き》づいて なかっただけ だったんだ！
これって すげーこと だよな！
ふーん…？
そんな 神さま いんのか？
神
はなしません よー ぜったいにっ
ぎゅうっ
…ま、信次郎《しんじろう》が元気《げんき》に なったんだから いっか！

さんみいったい…
あいはかみからでている

Message ㉘ おかえり信次郎《しんじろう》！…の巻《まき》

PON!
今日《きょう》はイースター
ハアーーッ
ガラッ
おはようございまーす
ってえ?!
ぎょぎょっ
信次郎《しんじろう》!?
よっ久《ひさ》しぶり！

わいわい
んめーっ
もしゃもしゃ…
…なんだよ 信次郎《しんじろう》のやつ ちょー元気《げんき》じゃん
よかったね 元気になって
おうっ 手紙さんきゅー うれしかったぜ
すげー 落《お》ち込《こ》んでるって 聞《き》いてたけど…
あれがケガ人かよ
ったく どれだけ心配《しんぱい》したと 思《おも》ってんのよっ
何がズしぶり!よ
ぶすっ
ガツガツ
何《なに》よ、何《なに》も なかったかのように ケロッとしちゃってさ
どすっ どすっ
むかつく!!
どすっ
……
………
おい、信次郎《しんじろう》
何《なに》？
お前《まえ》 あいこに一言《ひとこと》 言《い》っとけよ
もしゃもしゃ…
？ 何《なん》で？
なにを？

なんでって無神経《むしんけい》なやつ……
お前《まえ》がいない間《あいだ》さ あいこのやつ お前《まえ》のこと 一生懸命《いっしょうけんめい》いのって たんだぜ
…天《てん》の父《ちち》なる神《かみ》さま
信次郎《しんじろう》が毎日《まいにち》神《かみ》さまに守《まも》られて
心《こころ》がゆたかで平安《へいあん》で……
いつも元気《げんき》でいられますように——……
——…ってな
…………
つーかそれ あいこのまね⁉
ゲラゲラッ
気色《きしょく》わりーー!
っせーな わかりやすく やってやったん だろがっ
ぶはっ
とにかく あいつの気持《きも》ち わかってやれよ
一番《いちばん》心配《しんぱい》してたん だからさ

それにあいこがきげんわりーとマジこえーしな
そーそーとばっちりうけたらたまんねー
以前あいこに言い負かされたことのある2人組
…………
あんたが信《しん》じないっていうんならわたしが代《か》わりに信《しん》じる!!
あいつ……ホントにいいのっててくれてたんだ
オレのこと……
よぉあいこ!
何《なに》?
くるリ…
ギロッ…
むしゃむしゃ…
うお〜〜っめっちゃきげんわり〜〜!!
ひえええぇ…

あの……
その…ですね……
ドキドキドキドキ…
ゲフッ
ちょこんっ
ドキドキドキ
ドキ…
がんばれ信次郎！
あのな…
心配《しんぱい》…
かけてごめんな
ぐっ…
信次郎《しんじろう》……
すくっ…
オレさ
もう大丈夫《だいじょうぶ》
だから
オレ決《き》めたんだ！
神《かみ》さまのこと
もう一度《いちど》信《しん》じて
いくって…！
ぐっ…

神《かみ》さまがもう一度《いちど》あのグラウンドにオレを立《た》たせてくれるって信《しん》じていこうって…！
………
ぎゅっ
きっとこの試練《しれん》は乗《の》り越《こ》えていける…！
オレの信《しん》じてる神《かみ》さまはつらい時《とき》だって苦《くる》しい時《とき》だって絶対《ぜったい》オレのこと見捨《みす》てたりしないんだ！
…そうだろ…？
もう…

あんたが元気《げんき》になってよかったよ…！
なんだよあいつ前《まえ》にもオレに同《おな》じこと言《い》ってたぜ
もう一度《いちど》神《かみ》さまを信《しん》じていくってさ…
おとまり会の時…
そーなの？
ったく…
もう神《かみ》さまからはなれたりすんなよな！
イースターおめでとう
おかえり信次郎！

HOPE!

Message ㉙
神《かみ》さまによって
変《か》えられた仲間《なかま》たち…の巻《まき》
LOVE
わい
わい
今日《きょう》はあゆみ野《の》教会《きょうかい》のみんなで近《ちか》くの公園《こうえん》に来《き》ています
ねぇねぇ 一回《いっかい》でいいから おひめさまだっこって されてみたくなーい?
おひめさま だっこ?
体育《たいいく》で ケガとかしちゃって そしたらだっこして 保健室《ほけんしつ》まで つれてってもらうの♥
ひょいっ
キャーッ
ステキー
やーーん それいいーー
キャー キャー
ちょっと あこがれる かもーー♥
おーい あいこーー!
なによ信次郎《しんじろう》 今《いま》、話《はなし》のじゃま…
……
って えぇ!?
!!
ギョッ

見《み》てくれよ――
オレもう
うでかんぺきに
治《なお》ったぜ――!
すげー
信次郎ー!!
もっと
まわれー
ぐるん
ぐるん
ひゃっほ――いっ
ちょっ……
バカ あんた
ギブスとった
ばかりなのよ!?
ひゃー
すごーい!!
いきなりそんな
ことしたらっ…
だーいじょーぶ
だって!
もう全然《ぜんぜん》
いたくねー
も……
…ん……?
ふら…
おえ~~~っ…
ふらぁ…
バカ!
目《め》がまわるほど
やるんじゃ
ないよ!
つるっ
えっ…

わっ
あぶねっ
おちる!!
信《しん》ちゃん!!
信次郎《しんじろう》!!
キャッチ!
ズザーッ!
セーフ…
うう
このバカ!!
せっかく治《なお》ってきたのに前《まえ》よりひどくなったらどうすんのよ!!
大丈夫か信次郎ー
あいこすげー
スタスタ…
ほらしっかりしな!
ふにゃ〜〜〜…
…あいこちゃんが信《しん》ちゃんをおひめさまだっこしちゃった……
逆じゃん
あいこちゃんかっこいー……♥
ステキー

にこっ、
でも信次郎君《しんじろうくん》
ケガが治《なお》って
よかったね
よくないわよ
治《なお》ったら治《なお》ったで
あっちこっち
とびまわって…
うおーっ
治ったぞー
神さま
ありがとう
ございまーす
これで野球が
できるー
できるー
かけっぷち
わーーっ!!
ダーッ
ぷら
……
ぷら
ったく
気《き》が気《き》じゃ
ないっつーの!
まあ
まあ
………
めいわくったら
ありゃしない
じーっ
信次郎君《しんじろうくん》
すごいなぁ
ぼくも……
ひゃっほーう
すげ
かっこいい
スーパーマン
みのる
へへへ…
お前《まえ》も
やんねーの?
てつぼう
わっ……
うん……
こ、光一君《こういちくん》は?
オレ? オレは
めんどくせーから
やんねー
それより
ゲームやってた
方《ほう》が楽《たの》しいし
ピコ
ピコ…
そ、
そっか…
どかっ

こーいうとこに来《き》た時《とき》くらい別《べつ》ので遊《あそ》べよ
これじゃ家《いえ》にいるのと変《か》わんねーじゃん
いーんだよ
お前《まえ》ホントゲーム好《す》きだな――
…………
ぷにぷに
みのる光一《こういち》なんかほっといて行《い》こーぜ!
てつぼうあいてるぜ
いってらっしゃーい
…………
ぼくいい…
なんだよお前《まえ》まで…
んー
だってね、ぼく体育《たいいく》の授業《じゅぎょう》でてつぼうやってるんだけど……
む
ぼくだけクラスでさかあがりできないんだ…
またみのるだよー
グズー
だから……

……
なんだよ じゃあ教《おし》えてやるよ
え……？
なぁ
ああ さかあがりなんて簡単《かんたん》だよ
で でも…
大丈夫《だいじょうぶ》 オレらがついててやっから！
上手《うま》くなって そいつらを見返《みかえ》して やろーぜ！
……うん…！

…あの二人《ふたり》
ホント変《か》わった
よね―――……
わい わい
じ〜〜っ…
前《まえ》はあんなんだったのに…
くすっ…
光一君《こういちくん》も大地君《だいちくん》も
このあゆみ野教会《のきょうかい》に来《き》て
たくさんの神《かみ》さまの愛《あい》にふれて
神《かみ》さまによって
変《か》えられたんだね
ぼくは
こういう子《こ》たちを
見《み》るのが
とてもうれしい
んだ
へーえ
そーなん
だー
お前《まえ》はあんま
変《か》わってねー
けどな
小さいころから
見てっけど
……
んだと
このっ
わー!、
やっぱ
変わってねー
シャーッ
あははは
――この時《とき》は
まだ知《し》るよしも
なかったんだ
これから
ぼくたちに
ふりかかる
大変《たいへん》な
出来事《できごと》を――……

YUTAKA
MINORU
SHINJIRO

Message ㉚ みのるの大切《たいせつ》な友《とも》だち……の巻《まき》

なんかさー あの二人《ふたり》最近《さいきん》よく つるんでて こわくない――？
うん こわい こわい――
やだなぁ わるぐちだ……
わるぐち言《い》っちゃ いけないよって 神《かみ》さま言《い》ってるもんね
神《かみ》さまがくれた この口《くち》は、神《かみ》さまを 賛美《さんび》するために あるものなんだよ
人《ひと》をほめたり はげましたり いいことのために 使《つか》いたいね
ぼくは絶対《ぜったい》に こういうこと しないぞ！
あの二人《ふたり》が そろったら 何《なに》しでかすか わかったもんじゃ ないよねー
うん うん
1組《くみ》の三浦光一《みうらこういち》と 2組《くみ》の大久保大地《おおくぼだいち》！
！
え……？
とにかくさ 目《め》ぇつけられ ないように気《き》を つけなきゃね
ホントホント―― 最近《さいきん》おとなしい けどさ、昔《むかし》すご かったもんね――
DAICHI
KOICHI
あまり かかわらない ようにしよ――

何《なん》で……？
何《なん》で光一君《こういちくん》と
大地君《だいちくん》のこと
そんな風《ふう》に言《い》うの……？
スッ
あ、光一君《こういちくん》……
わっ 光一《こういち》だ！
やばっ 今《いま》の聞《き》かれてた?!
コソコソッ…
ギロ
ひえ～っ
どーしよー
フイッ

スッ
………
あー あぶなかった…
マジこわいー
光一君《こういちくん》… 悲《かな》しそうな顔《かお》してた…
教会《きょうかい》ではあんなに楽《たの》しそうに笑《わら》ってたのに……
バイバーイ
またねー
あの… ゆたか先生《せんせい》…
どうしたの みのる君《くん》 なんか元気ないね…
………

うーん そっかぁ…
…ぼくも前《まえ》は光一君《こういちくん》にいじめられてた……
でもやなんだ 光一君《こういちくん》や大地君《だいちくん》がわるく言《い》われるの
だって二人《ふたり》とも今《いま》はすごくやさしいんだもん!
なのになんで嫌《きら》われなきゃならないの!?
……なんでわるぐち言《い》われなきゃいけないのかなぁ…
……… どうして……
どうしてみんな今《いま》のやさしい光一君《こういちくん》や大地君《だいちくん》を見《み》てくれないのかなぁ…
…そうだね ぼくも知《し》ってるよ 光一君《こういちくん》のいいところ 大地君《だいちくん》のいいところ
みんながそれをわかってくれればいいのにね
………

みのる
知《し》ってたんだ…
あーあ
こんなこと
誰《だれ》にも知《し》られたく
なかったのに……
なぁ
お前《まえ》は
平気《へいき》なの？
……だって
仕方《しかた》ねーじゃん
自分《じぶん》のしちゃった
ことなんだし
今《いま》まで
あんだけのこと
してきてさ
嫌《きら》われて
当然《とうぜん》だろ
オレらのこと
うらんでるやつも
たくさんいるだろーし
そうだな…
でもさ…
平気《へいき》なわけ…
ねーよ……
おいのりして
あげよう
みのる君《くん》
今《いま》すぐには
ムリかもしれない
時間《じかん》はかかるかも
しれないけど
光一君《こういちくん》や大地君《だいちくん》の
ことをみんなが
わかってくれる日《ひ》が
きっと来《く》るから

うん…
大丈夫《だいじょうぶ》だよ、みのる君《くん》
神《かみ》さまは光一君《こういちくん》と犬地君《だいちくん》の
心《こころ》を見《み》ているから…
ぼくらの思《おも》いも
彼《かれ》らの気持《きも》ちも
神《かみ》さまはすべて
ご存《ぞん》じだから——…
ヒソヒソ
ヒソ…
話《はな》しかけたら
にらまれそー
なんか
こわいよねー
……
おはよー——
大久保君《おおくぼくん》
おっす…
?
からっぽ…
わー
なにこれ
ちょっと見《み》て!
ひどーい
誰《だれ》がこんな…
ザワ
ザワッ…
!?
オレと光一《こういち》の
うわばき…?

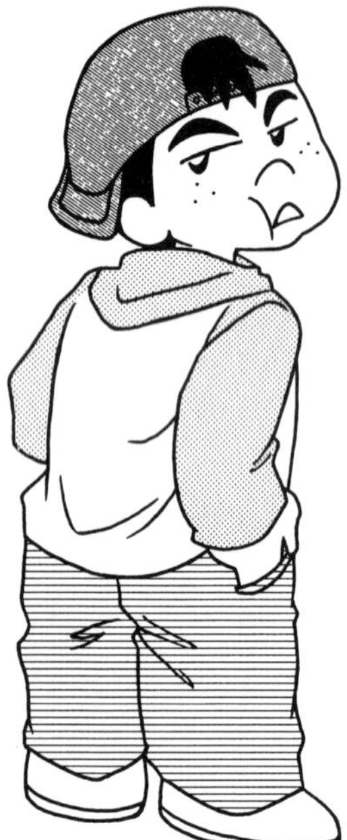

Message ㉛
光一《こういち》と大地《だいち》
二人《ふたり》の試練《しれん》　その1……の巻《まき》
A group of family members of 50 Japanese being held hostage in Iraq left Narita airport for Baghdad on Friday night aboard a Turkish airlin-
なんだよ これ……
わーん わーん
ぼくたちのおはながー
なんで、オレと光一《こういち》のうわばきがこんなところに…
じりっ…
なっ…待《ま》てよ
オレたちは何《なに》もっ…
にやっ…

大地《だいち》 どうなった?
今先生《いませんせい》に 呼《よ》び出《だ》されてる
マジかよ——
大地《だいち》 大丈夫《だいじょうぶ》かな——
4年生
さーなっ…て お前誰《まえだれ》だよ
うちのクラスじゃ ねーじゃん
ここは5年2組《ねんくみ》 大地《だいち》と恵《めぐみ》のクラス
ガラッ…
あ、大地《だいち》…
ザワ ザワ…
……………
ヒソ ヒソ
ホントに 大地《だいち》とあの三浦《みうら》が 花《か》だんをあらしたの?
だってうわばきに どろがついてたんでしょ? ほかに誰《だれ》がやるって いうのよ
ヒソ…
あいつら以外《いがい》 考《かんが》えられねーよ
やだね——
何《なに》かやるとは 思《おも》ってたけどさ——
あの二人《ふたり》がそろって 何《なに》も起《お》きないわけ ないじゃん!
………っ
サイテー よくこんなこと やる気《き》になるよね——

ちょっと 何《なん》だよみんな まだ大地《だいち》って 決《き》まったわけじゃ ねーじゃん!
だって…
ねえ?
シ……ン……
つーか お前《まえ》は誰《だれ》 なんだって!
がしっ
ちゃっかり うちのクラスに とけこんでんじゃ ねーよ
信《しん》ちゃん…
ダダダダッ
こら 大地《だいち》!
あ、あいこちゃん…?
また知らない奴が うちのクラスに…
あいこ 大変《たいへん》なんだよ 大地《だいち》と光一《こういち》が…
そんなの わかってるわよ どいてじゃま!
どんっ!
ひでぇ…
ホントのこと 言《い》いなさいよ!
ガッ

ホントはあんたらじゃないんでしょ!?
すげー あの子
ひぇー 大地のむなぐらつかんでるよ
あんたたちがあんなひどいことするわけないじゃん!
ねぇ!?
どうなのよ!
………
ポン
お前《まえ》にはかんけーねぇ
?
何《なに》? 聞《き》こえな…
ダッ
帰《かえ》れっつったんだよブサイク!!
え?
ブサイク?

ドン～ドンドンドン
んだとおらぁ!!
誰《だれ》がブサイクだってぇ!?
もっかい言ってみろこるぁ!!
うおっっ～～っ
ぜったいあけるな!!
ちょーこえー何あの子
いいからもうオレにはかかわんなよ……
………
大久保君《おおくぼくん》…
ヒソヒソ…
三浦《みうら》ってひでーよな
問題児《もんだいじ》はやっぱり問題児《もんだいじ》ってことでしょー
光一君《こういちくん》…
……っ
ぎゅっ…
神《かみ》さまぼくに勇気《ゆうき》をください!!
あ、あの…

光一君《こういちくん》のわるぐち…
言《い》わないでください!!
みのる……?
そ、それにまだ光一君《こういちくん》がやったって決《き》まったわけじゃないし…
それに…それに…
…………
プッ…
何《なに》この子《こ》1年生《ねんせい》?
かわいー♡
なでなで
!!
ドーン
ぼ、ぼく3年生《ねんせい》だもんっ1年生じゃないもんっ…!
キーンコーン
あ、予鈴《よれい》だ
ほら、あんたの教室《きょうしつ》はこっちじゃないわよ
カーン
バショわかるー?
ガーン
じゃーねー
まいごになっちゃだめよー
ガーン
うう…わかってもらえなかった…
しかも1年生って言われた…
どーん…
バカだなお前《まえ》オレなんかをかばって……
そんなことしてっとまたいじめられるぞ……

みのる
あ、光一君《こういちくん》…
ほら オレは大丈夫《だいじょうぶ》だから
ポスッ
早《はや》く教室《きょうしつ》戻《もど》れよ 心配《しんぱい》すんな
じゃーな！
………
光一君《こういちくん》…

Message ㉜
光一《こういち》と大地《だいち》
二人《ふたり》の試練《しれん》　その2……の巻《まき》
大久保《おおくぼ》君《くん》大久保《おおくぼ》君《くん》！
にこっ
次《つぎ》、移動教室《いどうきょうしつ》だよ早《はや》く行《い》こうよ！
早くしないとおくれちゃうよ！
…………
丸山《まるやま》さんもまだ大久保《おおくぼ》と仲良《なかよ》くしてんだ――
ヒソ
あんなやつとよくいっしょにいられるよね――
ヒソ…
…………

恵《めぐみ》ちゃん行《い》こうよ
恵《めぐみ》ちゃんまで嫌《きら》われちゃうよ
え、でも…
ガタッ…
そうだぜ丸山《まるやま》
え……?
もうオレにかかわんなよ…
フイッ
…………
大久保《おおくぼ》君《くん》……
やだね
ニヤッ
ピンポ〜ン

あ、光一君《こういちくん》
大地君《だいちくん》……
……なんとなく
みんなに顔《かお》
合《あ》わせづらくて
ぐっ
でもさ
ここに来《く》れば
どうにかなると
思《おも》ったんだ……
……だって
オレたちを
変《か》えてくれたのは
この場所《ばしょ》だから……！

おいで
中《なか》に入《はい》って
ああ……
………
……オレさ
もう父《とう》さんと母《かあ》さんに
心配《しんぱい》かけたくないんだ
だから
このこと……
うん
言《い》わないよ
そっか
学校《がっこう》でそんな
ことが……
ああ……
……ゆたか
オレさ、どうすれば
いいんだろ……
こんなことに
なって……
誰《だれ》も
オレたちのこと
信用《しんよう》してくれ
なくて……
ぎゅっ…
もしかして
オレ、このままもう
誰《だれ》とも……

光一君《こういちくん》…
大丈夫《だいじょうぶ》だよ
何《なん》にも心配《しんぱい》することはないんだよ
だってもうすでに神《かみ》さまは光一君《こういちくん》のことを受《う》け入《い》れてくださっているんだから
今《いま》はつらい時《とき》かもしれない
でもね今《いま》がずっと続《つづ》くことはないんだよ
神《かみ》さまはこの先《さき》の光一君《こういちくん》の人生《じんせい》大地君《だいちくん》の人生《じんせい》にたくさんのご計画《けいかく》を用意《ようい》してくださっているんだ
だから希望《きぼう》をもって歩《ある》いていけば必《かなら》ず今《いま》を乗《の》り越《こ》えていける力《ちから》を神《かみ》さまが与《あた》えてくださるよ
ゆたか…
大丈夫《だいじょうぶ》ぼくたちには神《かみ》さまがついているんだから……
ニコッ…
そうよ!!それにあんたらにはおだしたちもついているのよ!?
みんな…？

……なんだよ いたのかよ……
みんな、大地君《だいちくん》や光一君《こういちくん》のこと とても心配《しんぱい》してたんだよ
みんなでおいのりして君《きみ》たちのことをずっと待《ま》ってたんだ
みんな…
………
帰《かえ》れよ……
え……?
よけいなことすんな!
キッ…
これはオレたちの問題《もんだい》なんだ
お前《まえ》らにはカンケーねぇ!
大地《だいち》…?
なによそれ! わたしたちがどれだけあんたたちのこと心配《しんぱい》してると…
だいたいお前《まえ》らうぜーんだよ!
いちいち話《はな》しかけてきたり勝手《かって》に人《ひと》のクラスに乗《の》り込《こ》んできて大声《おおごえ》出《だ》したり…
よけーなことばっかしてんじゃねぇよ!

シ……ン……
……オレたちはゆたかに会《あ》いに来《き》たんだ…
お前《まえ》らの顔《かお》見《み》に来《き》たわけじゃねぇ！
どうして…？
ねぇ大《おお》久《く》保《ぼ》君《くん》…
この前《まえ》だって……もうオレにかかわるなって……
わたしあの時《とき》すごくかなしかったよ
どうしてそんなこと言《い》うの…？
だってわたしたち友《とも》だちじゃない
もっとたよってほしいよ……！
……
…恵《めぐみ》……

Message ㉝ 神《かみ》さまが聖書《せいしょ》を通《とお》して語《かた》られていること……の巻《まき》

………
…なんでわかんねーんだよ……
…オレは…
オレはお前《まえ》らまでまき込《こ》みたくねーんだよ…！
もし……
もしオレたちと仲《なか》がいいって知《し》られたらお前《まえ》たちまでひどい目《め》にあうかもしれないんだぞ！
…オレはそんなの…見《み》たくない……

………
……ほら
わかったなら帰《かえ》れよ
それからもう
学校《がっこう》でオレたちに
近《ちか》づくな！
わかったな…
フイッ
がしっ…
なんだよ…
……
でも……
でもわたしたちは、大切《たいせつ》な友《とも》だちが
困《こま》っている時《とき》にほうって
おくことなんてできない！
……見捨《みす》てる
ことなんて
できないよ…！
あんたたちのことを
大地《だいち》と光一《こういち》のことを
助《たす》けてあげたいって
思《おも》う気持《きも》ちの
どこがいけないって
いうの……？

神《かみ》さまはこう言《い》っているよ
パ
互《たが》いに愛《あい》し合《あ》いなさい
自分《じぶん》にしてもらいたいと望《のぞ》むとおり、人《ひと》にもそのようにしなさいって
にこっ…
………
そんなのきれいごとじゃんか…!
現実《げんじつ》はそんなに甘《あま》くない!!
神《かみ》さまはねぼくたちにできないことをさせようとはしないよ
ぼくたちが耐《た》えられないことをしようとはしない
なぜなら神《かみ》さまはぼくたちを愛《あい》してくださっているから

にこっ…
ぼくたち一人《ひとり》ひとりは神《かみ》さまが愛情《あいじょう》をたくさんこめてつくられた大切《たいせつ》な作品《さくひん》なんだよ
その中《なか》には一人《ひとり》として同《おな》じ人《ひと》はいない
明《あか》るい子《こ》
おとなしい子《こ》
気《き》の強《つよ》い子《こ》
気の強い子？
どんな子《こ》でも神《かみ》さまは同《おな》じように愛《あい》してくださる
大切《たいせつ》に、いつもどんな時《とき》でも守《まも》っていてくださるんだ
そしてね、聖書《せいしょ》には神《かみ》さまがぼくたちをつらいことや悲《かな》しいことから守《まも》るために……
聖書
ぼくたちが幸《しあわ》せになるためのことがたくさん書《か》かれているんだよ

いつも喜《よろこ》んでいなさい
絶《た》えず祈《いの》りなさい
すべての事《こと》について、感謝《かんしゃ》しなさい……
なぜならね、神《かみ》さまがねがっておられるのは
ぼくたち一人《ひと》ひとりが平和《へいわ》で幸《しあわ》せな毎日《まいにち》をすごしていくことだから
…………
神《かみ》さまはわたしたちのこと決《けっ》して見捨《みす》てたりしないもの
だから大丈夫《だいじょうぶ》だよ…！大久保君《おおくぼくん》も、光一君《こういちくん》もわたしたちも…！
ね！
にこっ

そう、何《なに》も心配《しんぱい》することはないんだよ ぼくたちには神《かみ》さまがついているんだから…！
神《かみ》さまが大地君《だいちくん》や光一君《こういちくん》のことを変《か》えてくれたようにきっと学校《がっこう》のみんなのことも変《か》えてくれるよ！
そうそう このどうしようもなかった二人《ふたり》がこんなに変《か》わっちゃったんだもん 神《かみ》さまにできないことなんてないよ！
ポン
それもそーだな…
んだとこの！
あははは
神《かみ》さま、オレたちにこんなにいい友《とも》だちを与《あた》えてくれてありがとう――……
おはよう大久保君《おおくぼくん》！
おっす……
……

おはよー…
ファッ
……
ごめんな丸山《まるやま》
オレのせいで…
ううん
だってわたしたち
何《なに》もわるいこと
してないもん!
あとのことはすべて
神《かみ》さまにおまかせ
して、もっと堂々《どうどう》と
していようよ!
そうだな…
そっ…
……っ
ギリっ…

Message ㉞
許《ゆる》し合《あ》うということ……の巻《まき》

いててて
何《なん》だよ
ダッ
ハラの肉ひっぱることねーだろー
ダ
ダ
ダ
いいから来《き》て！
わかったのよ
花《か》だんをあらした本当《ほんとう》の犯人《はんにん》が……!!
ドン!!
何《なに》 何《なに》
何《なん》のさわぎ!?
こいつらこんなとこで何《なに》してんの？
ザワザワ
あんたなんでしょ!? 前《まえ》の日《ひ》の夜《よる》に花《か》だんのところにいたのを見《み》たって子《こ》がいるんだから！
どうなの!? 答《こた》えなさいよ!!
それに、この手帳《てちょう》が花《か》だんの近《ちか》くに落《お》ちてたんだからね！
………
そうよ やったのはわたしよ
ザワッ…
ええ!?

大久保《おおくぼ》と三浦《みうら》のうわばきをわたしがはいてあの花《か》だんをメチャクチャにふみあらしてやったのよ！
…東堂《とうどう》さん…？どうして……
だってわたし昔《むかし》この二人《ふたり》にいじめられてたんだもの
キッ
仕返《しかえ》しして当然《とうぜん》じゃない！
いじめられる側《がわ》の気持《きも》ちをわからせてやろうって思《おも》ったのよ
だからってあんなこと…
何《なに》がわるいっていうの？
こいつらなんか、昔《むかし》あんだけさんざんあばれてたのに、今《いま》は何《なに》もありませんでしたって顔《かお》して……
楽《たの》しそうにして……
そんなことってないじゃない！
あの時《とき》、わたしがどれだけ傷《きず》ついたと思《おも》ってるの!?
……
ズキ、、
…わたし、ずっとあんたらのこと見《み》てきたわ……
くやしかった…にくかったわよ……

わたしのことなんか忘《わす》れて、楽《たの》しそうに幸《しあわ》せそうにしているあんたたちのことが…
なのにどうして…？
なんで……なんであんたらにばっか丸山《まるやま》さんやあの4年生《ねんせい》の子《こ》たちみたいないい友《とも》だちばかりできて…
神《かみ》さまは不公平《ふこうへい》だわ！
あんたらばっかいい思《おも》いして……！
いい気味《きみ》だったわ
あんたたちがつらい思《おも》いをしてるの……
天《てん》ばつを下《くだ》してやった気分《きぶん》だった……
周《まわ》りから冷《つめ》たい目《め》で見《み》られているの……
でもどうして……？
こんなことしても全然《ぜんぜん》気分《きぶん》がはれないの……

それどころか
どんどん
いやな気《き》持《も》ちに
なってくる……
こんなことしてる
自分《じぶん》がどんどんいやに
なってくる……!
東堂《とうどう》さん…
えー
東堂《とうどう》さん
だったんだー
ザワ
うそー
信《しん》じられ
なーい
ザワ
意外《いがい》ー
つーか
サイテー
ザワ
ザワ
やだー
……………
ザワ
ザワ
……………っ
やめろ!

こいつのこと責《せ》めんなよ……
…ひどいこと しちまって…
つらい思《おも》いを させちまってごめんな…
オレたちが お前《まえ》にそういうこと させちまったんだ……
ぐっ…

やっぱり
この花《か》だんをやったのは
オレらだよ……
大地《だいち》……
光一《こういち》……
うっ…
………
わたしの方《ほう》こそ
こんなひどいこと
してごめん……
ホントは
こんなことしたって
何《なん》にもならないって
わかってたのに……

つづく

この仕事《しごと》をもらったころのわたしは、洗礼《せんれい》を受《う》けてから一《いち》、二年《にねん》くらいでした
あぶ〜
まだクリスチャン1年生!
《番外編《ばんがいへん》》「おいでよ、あゆみ野《の》へ」はこんな人《ひと》がかいていた!!
そんなわたしにキリスト教《きょう》を題材《だいざい》にしたマンガをかいていけるかどうか不安《ふあん》でした
聖書もろくに読んだことないし
おいのりまだうまくできないし
オロオロ
オロオロ
教会だって毎週行ってるわけじゃ…
聖句も10コくらいしか知らない…
私なんかがいっちょ前に神さまのことマンガでかいていいーの?
もっと聖書のこといっぱい知ってる学者さんみたいな人がいっぱいいるじゃん
うじうじうじうじ……
神学校とか行って伝道のことちゃんと習ったわけじゃないし
私は教えるよりもまだ学ぶ側じゃん
そんなうじうじいじいじしていたわたしに母《はは》は
いいか、えみ!!イエスさまの弟子《でし》になったペテロさんなんか魚《さかな》とってるわきからイエスさまにつれてかれたんだからね!!
魚とってるわきからだよ!!
てくてく…
知識《ちしき》があろーがなかろうがかんけーないんだよ!!大事《だいじ》なのは信《しん》じること!!
うじうじいじいじは大っきらいな母
信仰に年数はない!!
ズガーンッ!!

神《かみ》さまがあんたを
もちいてくれたってどうして
考《かんが》えられないんだろうね!!
あんたには、あんたにしか
かけないものがあるんだよ!!
ったく
もう!!
わたしにしか
かけないもの…
そーだよ
わたしがあなたを
えらんだって
聖書で
言ってるでしょ
わたしがあんたをここまで
みちびいたんだよ
よし、
がんばってみよう!
わたしは幸《さいわ》い
小学校《しょうがっこう》の6年間《ねんかん》
教会学校《きょうかいがっこう》に
行《い》っていたので
そのころの
記憶《きおく》をたよりに
頑張《がんば》ってみました
でも…
ねぇ
お母さん
聖書で
こんな
ことばって
あったっけ
ねぇこれって
どういうイミ??
ねぇこのことばは
どこにのってるの?
ねぇ
ねぇ
質問の嵐
うるさい
……
あーっ
もーっ
あんたはまず
これを
読《よ》みな!!
……
どさっ
れだけは
知っておこう!
キリスト教の
いろは
初級
今《いま》では聖書《せいしょ》もちゃんと読《よ》んで、以前《いぜん》よりもさらに神《かみ》さまの愛《あい》について理解《りかい》できるようになりました。よかったよかった(^ー^)
ピヨ
ピヨ

＊本書は、月刊「らみい」の連載「おいでよ、あゆみ野へ　ゆたか先生の教会学校日記」(2005年1月号〜2010年3月号、2018年4月号、12月号、「聖書はてな」「クリスマスはてな」「十字架はてな」)に掲載された内容に修正・加筆し、一冊にまとめたものです。

おいでよ、あゆみ野へ（上）
ゆたか先生の教会学校日記

2019年3月9日発行

著者　あんざい えみ

発行　いのちのことば社
〒164-0001　東京都中野区中野2-1-5
編集　Tel.03-5341-6924
営業　Tel.03-5341-6920
Fax.03-5341-6921

印刷・製本　シナノ印刷株式会社

ISBN978-4-264-04032-3